# STYLE ÉPISTOLAIRE

## TRAITÉ DES BIENSÉANCES

Précédé

DE NOTIONS, D'INSTRUCTIONS ET DE MODÈLES

SUR LES DIFFÉRENTS GENRES DE STYLE ÉPISTOLAIRE

PARIS

MÈGE ET BOYER, LIBRAIRES-ÉDITEURS

# EXERCICES

SUR

# LE STYLE ÉPISTOLAIRE

# A LA MÊME LIBRAIRIE

---

**Musée littéraire et scientifique de l'École et de la Famille,** religion, morale, littérature, sciences, etc. Collection de 10 magnifiques volumes grand in-8º pour distributions de prix, étrennes, etc.; par MM. THOMAS-LEFEBVRE et PIÉROT-OLRY. — Mise en vente du premier volume le 1er juin 1859; mise en vente du deuxième volume le 1er septembre 1859. Les autres volumes paraîtront successivement aux mêmes dates de chaque année. — Prix de chaque volume, broché, 5 fr.

**Les Vierges du foyer,** légendes poétiques et morales, par BARRILLOT. Magnifique volume in-8º, broché. — Prix : 4 fr.

**Trésor poétique,** livre de récitation. 500 morceaux de poésie empruntés pour la plupart aux poètes du dix-neuvième siècle; par LAROUSSE et BOYER. 2e édition, enrichie de morceaux nouveaux. Volume in-18 de près de 500 pages. — Prix : 2 fr.

**Le Moraliste des Enfants,** recueil de poésies à l'usage du jeune âge; par M. J. P. WORMS. Joli volume grand in-18. — Édition classique : 75 c.; édition de luxe : 1 fr.

**Nouveau Théâtre d'éducation.** Cinq volumes in-18, de chacun 500 pages. — Premier volume, 8 pièces en 1 acte pour demoiselles; deuxième volume, 8 pièces en 1 acte pour jeunes gens; troisième volume, 8 pièces et dialogues en 1 acte, à l'usage des deux sexes; quatrième volume, 4 pièces en 2 et 3 actes pour jeunes gens; cinquième volume, 4 pièces en 2 et 3 actes pour demoiselles. — Prix de chaque volume : 3 fr.

**Les Rondes du Couvent,** 30 morceaux de poésie enfantine, avec la musique des airs appropriés aux rondes. Joli volume format Charpentier; par M. MOREAU. — Prix : 1 fr. 50 c.

**Keepsake didactique,** dédié à la jeunesse. Ouvrage divisé en 8 séries et 125 tableaux, renfermant des notions curieuses et instructives sur toutes les branches des connaissances humaines; par L. CÉLESTIN, professeur à Paris. Volume format Charpentier. — Prix : 2 fr.

**Opinions des Anciens et des Modernes sur l'Éducation,** livre des Pères de famille et des Instituteurs; par L.-J. LARCHER. Volume in-18 jésus. — Prix, broché : 3 fr.

**Opinions des Anciens et des Modernes sur l'Éducation des filles,** livre des Mères de famille et des Institutrices; par le MÊME. Volume in-18 jésus. — Prix, broché : 3 fr.

# EXERCICES

## SUR LE

# STYLE ÉPISTOLAIRE

À

## L'USAGE DES JEUNES DEMOISELLES

Précédés

## DE RÉFLEXIONS, D'INSTRUCTIONS ET DE MODÈLES
## SUR LES DIFFÉRENTS GENRES DE STYLE ÉPISTOLAIRE

### Par Alex. ABRANT.

## DEUXIÈME ÉDITION.

## PARIS

### LAROUSSE ET BOYER, LIBRAIRES-ÉDITEURS

49, RUE SAINT-ANDRÉ-DES-ARTS.

1860

Chaque exemplaire est revêtu de la signature des Édite[r]

# TRAITÉ COMPLET

## DE

# STYLE ÉPISTOLAIRE

---

### RÉFLEXIONS SUR LE STYLE ÉPISTOLAIRE

Peu de personnes, dans le cours de leur vie, éprouvent le besoin de faire un discours, une dissertation, une pièce de vers; il n'en est point qui ne sentent fréquemment la nécessité d'écrire une lettre. Ainsi les règles du style épistolaire doivent être comptées parmi les éléments d'une éducation soignée. C'est peut-être le seul genre de composition que l'on ne puisse ignorer sans inconvénient.

Je dis ignorer, car il importe bien plus d'en éviter les défauts que d'en rechercher les ornements. On se tait sur une lettre qui est écrite avec simplicité; on rit de celle qui a le cachet de la prétention.

Qu'appelle-t-on style? l'ordre dans lequel on présente ses pensées, et la manière dont on les énonce.

Si des conceptions grandes et généreuses sont rendues avec énergie et noblesse, si des sentiments hardis ou passionnés sont revêtus de couleurs vives et brillantes, ce sera le style sublime. *Bossuet* dans ses Oraisons funèbres, *Racine* dans Athalie et Phèdre, en offrent des exemples.

N'avez-vous, au contraire, à retracer que des affections douces, des idées franches, des détails peu susceptibles de grands mouvements ou d'images fortes, vous emploierez alors ce style tempéré qui intéresse dans *Vertot*, et charme dans *Fénelon*.

Voulez-vous, enfin, des modèles du style simple? adressez-vous au bon *La Fontaine*, ou à l'aimable *Sévigné*. Là, vous trouverez des récits faits avec cet abandon délicieux qui captive l'attention sans la commander; des apologues que la nature seule semble avoir dictés; une correspondance facile, où l'âme parle à l'âme, et où le cœur ne cherche jamais à emprunter le masque de l'esprit.

Ce n'est pas que le genre épistolaire ne soit susceptible d'élévation et de chaleur, comme, par exemple, dans certains ouvrages où l'auteur établit une correspondance entre des personnages supposés. Mais ces lettres, écrites pour être imprimées, sont ici étrangères; elles n'ont que le titre de lettres, sans en avoir la destination; ce sont ou des dissertations, ou des relations de voyages, ou des romans sous la forme épistolaire; ce sont, en un mot, des ouvrages assujettis aux différentes lois que la littérature impose à ces sortes d'écrits.

Il ne sera question, dans ce recueil, que des lettres missives, dont le public n'est pas censé devoir être le confident, et dont le but unique est de transmettre à celui qui les reçoit la pensée de celui qui les écrit.

Elles sont pour ceux que l'absence tient éloignés ce que serait pour eux un entretien, si la présence leur permettait de parler.

Écris-moi, je le veux. Ce commerce enchanteur,
Aimable épanchement de l'esprit et du cœur ;
Cet art de converser sans se voir, sans s'entendre ;
Ce muet entretien, si charmant et si tendre,
L'art d'écrire, Abñilard, fut sans doute inventé
Par l'amante captive et l'amant agité.

*Épître d'Héloïse à Aballard*, par COLARDEAU.

De cette définition, ou plutôt de cette description du style épistolaire, sortent toutes les règles qui doivent le caractériser. Elles sont en petit nombre ; on pourrait même les réduire à une seule, et la voici : Puisqu'une lettre et sa réponse ne sont qu'une conversation entre absents, écrivez comme vous leur parleriez s'ils étaient là, c'est-à-dire avec ce naturel, cette facilité, cet agrément, cette négligence même que demande ou permet un entretien familier. Mettez-y de la mesure avec vos supérieurs, de la franchise avec vos égaux, de la gaîté avec vos amis, de la netteté avec tous.

Que doit être une conversation ? claire et facile. Ce sont là aussi les deux qualités du style épistolaire.

C'est pour être entendu que l'on parle, on n'écrit de même que pour être compris. Par conséquent, le choix et la propriété des termes doivent être le premier soin de celui qui fait une lettre ; car, si les expressions qu'il emploie ont deux acceptions, il ne sera jamais sûr que l'on saisira le sens qu'il a prétendu leur donner.

Il faut également qu'il s'énonce de la manière la plus précise, par cette raison toute simple qu'on ne peut faire trop tôt connaître ce que l'on pense, ou ce que l'on veut.

Cette précision pourtant ne convient pas à toutes les lettres. Gresset a dit un mot dont les âmes aimantes sentiront bien la vérité :

> L'esprit n'est jamais las d'écrire,
> Lorsque le cœur est de moitié.

Ainsi, quand la main ne fait qu'obéir à l'impulsion du sentiment, la lettre peut sans inconvénient remplir les quatre pages.

L'amitié est *parlière ;* elle veut des confidences, des détails, elle se plaît aux épanchements, aux protestations, aux redites : dût sa plume inattentive retracer sans cesse les mêmes bagatelles, et souvent les mêmes niaiseries, ces répétitions ont pour elle un charme qu'elle seule sait apprécier. Elle ne s'arrête pas là : les sentiments et les idées, les craintes et les espérances, les projets de chaque jour, les rêves (1) même de chaque nuit, les intérêts de la famille, les soins du ménage..., elle embrasse tout, elle veut tout savoir ; elle n'est satisfaite, en un mot, qu'autant que l'âme tout entière ne lui cache rien.

D'après cela, le style épistolaire n'a et ne peut avoir de règles pour l'amitié.

On demandait à saint Augustin quelle était la meilleure manière d'invoquer l'Etre suprême : *Aimez,* répondit-il, *et dites ce qu'il vous plaira.*

Je répète la même chose aux amis : lorsqu'on écrit sous la dictée du cœur, on peut dire tout ce qu'on veut, et comme on veut ; rien ne déplaît, rien n'est déplacé, ou du moins rien ne paraît l'être : l'amitié est indulgente. « Il faut, dit madame de Sévigné, il faut un peu entre « bons amis laisser trotter les plumes comme elles « veulent ; la mienne a toujours la bride sur le cou. » Les conseils et les formules ne conviennent donc qu'aux lettres où l'amitié n'a aucune part.

_______

(1) Voyez la fable de La Fontaine, intitulée : *Les deux Amis.*

C'est alors que la précision n'est pas seulement un mérite, mais une obligation ; la prolixité serait inconvenance, et la diffusion verbiage.

Cependant ne soyez pas concis au point d'être inintelligible ; les extrêmes se touchent. Boileau a eu raison de dire :

> J'évite d'être long, et je deviens obscur.

Une lettre ne doit jamais le devenir ; transformer en énigme une commission que l'on donne, un fait que l'on raconte, une idée que l'on communique, un sentiment que l'on exprime, ce serait méconnaître l'intention du commerce épistolaire.

Ce serait la méconnaître encore, que de faire dégénérer sa précision en sécheresse ; autre écueil dont il importe de s'éloigner avec soin.

L'homme qui parle veut être écouté ; l'homme qui écrit veut être lu ; et comme le vase est bientôt repoussé si un peu de miel n'en colore les bords, de même l'attention est bientôt rebutée si un certain agrément ne la soutient.

Mais gardons-nous de vouloir ici la captiver par ces tours périodiques et nombreux dont l'orateur sait tirer tant d'avantage.

Ce fut le défaut de Balzac. Les lettres de cet homme trop célèbre sont des discours à prétention. S'il a donné à notre langue le nombre et l'harmonie qu'elle n'avait point avant lui, ce n'est pas dans le style épistolaire qu'il aurait dû en faire l'essai ; le nom de harangues ou de fragments oratoires convenait mieux à ses missives.

Les périodes longues et sonores lasseraient, dans un entretien familier, l'auditeur le plus bénévole ; le lecteur d'une lettre les supporte encore moins : celui qui lit s'ennuie plus promptement que celui qui écoute ; il voit mieux les défauts.

Rien n'est donc plus convenable au style de la correspondance que le style coupé, c'est-à-dire ce style qui réunit la brièveté de la phrase à la propriété des expressions ; *ce style*, comme dit madame de Sévigné, *juste et court, qui chemine et qui plaît au souverain degré*.

Point de ces parenthèses qui coupent le sens principal par des idées accessoires, et qui l'embarrassent sous prétexte de l'éclaircir. S'il a besoin de quelques développements, il faut les placer dans une seconde phrase, plutôt que de les intercaler dans la première. et de gêner la marche du discours.

Je ne veux pourtant pas un style haché, et pour ainsi dire *saccadé*, tel que serait : « J'arrivai, je courus chez « lui. Je le trouve dans son cabinet ; il saute à mon « cou ; je me jette dans ses bras ; il m'interroge ; je lui « réponds ; je le questionne à mon tour, etc. » Ce n'est là qu'un amas de sons plutôt qu'un assemblage de phrases ; ce sont des fils qu'aucun tissu ne lie ; ils fatiguent par leur mobilité et leur papillotage.

Que le style soit léger, mais non pas sautillant ; rapide, mais jamais brusque ; délié, mais non pas décousu.

Ce qui fait le mérite principal du style épistolaire, c'est la facilité, c'est une molle aisance, une espèce d'abandon de la pensée, une négligence même qu'il ne faut pas confondre avec l'incorrection. Celle-ci est un défaut, celle-là une qualité. Le négligé d'une jolie femme a bien sa recherche et sa coquetterie ; mais l'art n'y emploie son adresse qu'à ne se pas montrer.

De là naît cette *grâce plus belle encore que la beauté* ; cette grâce que l'on sent si bien, et que l'on définit si mal, qui fuit également la recherche et l'exagération, qui présente sous une expression simple ce qui est élevé, et donne à ce qui est ingénieux l'air de la naïveté ; cette grâce qui, dans la société, désarme l'envie, parce qu'elle n'y paraît qu'ingénue, et qui, dans les ouvrages d'esprit, échappe à la critique, parce qu'elle s'y place sans prétention, et que le sentiment seul est averti de sa présence.

Madame de Sévigné écrit à sa fille :

Vous me dites plaisamment que vous croiriez m'ôter quelque chose en polissant vos lettres ; gardez-vous bien d'y toucher ; vous en feriez des pièces d'éloquence. Cette pure nature dont vous parlez est précisément ce qui est beau, et ce qui plaît uniquement.

Voilà donc la source de la faveur accordée à ce style simple, franc et facile, qui convient si fort au commerce épistolaire ; c'est que ces aimables qualités tiennent à la nature.

Mais n'est-il pas inconcevable qu'il faille sans cesse recommander à l'homme de ne pas s'écarter du naturel, et qu'il ne puisse y revenir qu'à force d'art ? Tel est pourtant l'aveuglement de l'amour-propre, qu'il nous met toujours hors de la route.

« On ne veut jamais, dit madame de Sévigné, se contenter d'avoir bien fait ; et, en voulant faire mieux, on fait plus mal. » On cherche à se faire un style à soi, pour ne pas écrire comme tout le monde ; on tâche au moins d'étonner par les mots, quand on n'intéresse pas par les choses.

Voilà d'où viennent ces rapprochements forcés, ces expressions disparates, ces tournures bizarres, ces constructions maniérées, ces phrases tellement hérissées de locutions entortillées, qu'on n'y découvre à la fin que la sottise sous le masque de la finesse.

Sans le naturel l'esprit n'est rien, ou plutôt il n'y en a pas. Pour se montrer avec succès dans une lettre, il doit paraître trouvé plus que cherché; il s'offre à celui qui ne court pas après, et fuit devant ceux qui le poursuivent.

Voiture l'éprouva. Écoutons Voltaire sur cet homme, dont les lettres ont été trop longtemps citées comme des modèles : « Loin que j'aie reproché à Voiture
« d'avoir mis de l'esprit dans ses lettres, j'ai trouvé, au
« contraire, qu'il n'en avait pas assez, quoiqu'il le
« cherchât toujours. On dit que les maîtres à danser
« font mal la révérence, parce qu'ils la veulent trop
« bien faire; j'ai cru que Voiture était souvent dans ce
« cas. Ses meilleures lettres sont étudiées. On sent
« qu'il se fatigue pour trouver ce qui se présente si
« naturellement au comte Hamilton, à madame de
« Sévigné, et à tant d'autres qui écrivent sans effort
« ces bagatelles mieux que Voiture ne les écrivait
« avec peine. Souvent il prenait le faux pour le déli-
« cat, et le précieux pour le naturel, etc., etc. »

Je ne puis trop insister sur ce point, parce qu'il est toujours plus essentiel dans un art d'éviter les défauts que de saisir les finesses.

Mais qu'est-ce que l'esprit? Puisque Voltaire, dans le passage que j'ai cité, l'exclut des grands ouvrages, et qu'il le permet, le prescrit même *dans un madrigal, des vers légers, un compliment, un petit roman,* UNE LETTRE, il faut savoir ce que l'on doit entendre par ce mot si souvent et presque toujours si mal employé. Il va nous le dire lui-même :

Ce qu'on appelle esprit est tantôt une comparaison nouvelle, tantôt une allusion fine ; ici, l'abus d'un mot qu'on présente dans un sens, et qu'on laisse entendre dans un autre ; là, un rapprochement délicat entre deux idées peu communes ; c'est une métaphore singulière ; c'est une recherche de ce qu'un objet ne présente pas d'abord, mais de ce qui est en effet dans lui ; c'est l'art, ou de réunir deux choses éloignées, ou de diviser deux choses qui paraissent se joindre, ou de les opposer l'une à l'autre ; c'est celui de ne dire qu'à moitié sa pensée pour la laisser deviner.

Donnons quelques exemples ; ils sont le meilleur commentaire du précepte ; en montrant de quelle manière on l'a suivi, ils en font mieux sentir et l'utilité et l'usage.

I. — Une comparaison plaît quand elle vient à propos, et que l'on aperçoit entre les deux termes qui la composent ces rapports et cette unité d'où elle tire tout son mérite.

On aime à voir madame de Sévigné se féliciter d'avoir fermé le temple de *Janus*, parce qu'elle a terminé la guerre qui divisait deux ennemis que l'on croyait irréconciliables.

On s'effraie avec l'abbé de Choisi de ces coups de mer qui heurtent son vaisseau comme les béliers d'Agamemnon choquaient les murailles de Troie.

En vérité, j'ai eu bien de la peine. Je suis justement comme le médecin de Molière, qui s'essuyait le front pour avoir rendu la parole à une fille qui n'était pas muette.
*Madame* DE SÉVIGNÉ.

Vous avez bien de la bonté, madame, de m'apprendre que j'ai écrit une pièce d'éloquence à madame de La Sablière ; je n'en savais rien. Voici justement la fable du lièvre qui fit peur aux grenouilles.
CHAULIEU.

1.

II. — La métaphore est aussi une espèce de comparaison, mais moins développée : ce n'est qu'un mot transporté hors de son acception naturelle. Quand Malherbe s'écrie : *Prends ta foudre, Louis,* il emploie une métaphore. Quand madame de Sévigné appelle l'intéressante La Vallière du nom d'*humble violette* qui se cache sous l'herbe, et ne connaît point le prix de ses attraits, c'est là aussi une métaphore. Quand elle nomme le temps un *torrent* qui ravage, qui emporte, c'est encore une métaphore.

Je me souviens que mes rivaux et moi, quand j'étais à Paris, nous étions tous fort peu de chose, grands compositeurs de rien, pesant gravement des œufs de mouche dans des balances de toile d'araignée.

VOLTAIRE.

III. — L'application d'une anecdote à ce qui fait le sujet de l'entretien dans un cercle y ranime l'attention; de petits contes de même donnent du mouvement et de la grâce à une lettre, surtout quand ils sont courts et pleins de sel.

On contait hier à table qu'Arlequin, l'autre jour, à Paris, portait une grosse pierre sous son manteau. On lui demanda ce qu'il voulait faire de cette pierre : il dit que c'était l'échantillon d'une maison qu'il voulait vendre. Cela me fit rire. Si vous croyez, ma fille, que cette invention soit bonne pour vendre votre terre, vous pourrez vous en servir.

*Madame* DE SÉVIGNÉ.

Il y avait une vieille dévote acariâtre qui disait à sa voisine : « Je te casserai la tête avec ma marmite. — Qu'as-tu dans ta marmite ? dit la voisine. — Un bon chapon gras. — Eh bien ! mangeons-le ensemble, » répondit l'autre. Je conseille aux encyclopédistes, à vous tout le premier, et à moi, d'en faire autant.

VOLTAIRE à *Palissot.*

Vous prétendez que mes lettres vous amusent ; je répondrai comme le feu médecin Dumoulin, grand fesse-mathieu de son métier : *Mes enfants,* disait-il à ses héritiers, *vous n'aurez jamais autant de plaisir à dépenser l'argent que je vous laisse, que j'en ai eu à l'amasser.*

D'ALEMBERT à *Voltaire.*

IV. — L'assemblage de plusieurs épithètes réunies sur le même sujet produit quelquefois un effet agréable ; mais il est nécessaire que chacune de ces épithètes ajoute quelque nuance à celle qui la précède. Ici le choix fait tout ; sans lui on n'entend plus qu'un vain son qui étourdit et n'intéresse pas.

Je n'ai rien vu de si beau, de si bon, de si aimable, de si net, de si bien arrangé, de si éloquent, de si régulier, en un mot de si merveilleux que votre lettre.

*Madame* DE MAINTENON.

Voilà le discours d'un petit glorieux, d'un petit ambitieux, d'un petit téméraire, d'un petit impétueux, d'un petit maréchal de France.

*Madame* DE SÉVIGNÉ.

Si l'on pouvait avoir un peu de patience, on s'épargnerait bien des chagrins. Le temps en ôte autant qu'il en donne. Vous savez que nous le trouvons un vrai brouillon, mettant, remettant, rangeant, dérangeant, imprimant, effaçant, approchant, éloignant, et rendant toutes choses bonnes et mauvaises, et quasi toujours méconnaissables. Il n'y a que notre amitié que le temps respecte et respectera toujours.

*La même.*

Mille et mille grâces soient rendues à qui m'a envoyé un vent si aimable, si favorable, si délectable, si guérissable, et toutes choses en *able !*

*Madame* DE SIMIANE.

Je le répète, plus ce genre d'ornement est facile, moins il faut le prodiguer ; il manque son effet s'il surcharge le discours, au lieu d'en accélérer la marche.

V. — Une pensée fine, un mot heureux qui paraît s'échapper de la plume, fait d'autant plus de plaisir qu'on l'attend moins.

Toujours vide de lui-même, et plein des autres, son amour-propre est l'intime ami de leur orgueil : il ne les offense point.

*Madame* DE SÉVIGNÉ.

On n'a jamais pris l'ombre pour le corps ; il faut être si l'on veut paraître : le monde n'a point de longues injustices.

*La même.*

Ce n'est presque jamais que le malheur qu'on évalue ; il n'est que le plaisir qui ne se calcule pas.

*Lettre du roi* STANISLAS.

Il faut des jouissances à l'être fortuné, et des chimères aux malheureux.

*Le même.*

VI. — Un sens détourné, mais vrai, donné à un mot qui ne le présente pas au premier aperçu, une alliance heureuse et imprévue d'expressions gracieuses ou nobles, ornent encore merveilleusement une lettre.

Quand nous disions quelquefois : Il n'y a rien qui ruine comme de n'avoir point d'argent, nous nous entendions bien.

*Madame* DE SÉVIGNÉ.

Ce n'est point par effort qu'on se distrait de ses peines, et les yeux ne voient rien quand le cœur ne voit point avec eux.

*Lettre du roi* STANISLAS.

Madame de Grignan, qui devait au printemps retourner en Provence, presse son cousin de venir à Paris. « Venez donc profiter d'un bien qui vous sera « enlevé à la première hirondelle. »

VII. — Une allusion n'est pas sans mérite lorsqu'elle peut facilement être entendue de celui avec qui l'on cause ; elle le ramène sur un trait de la Fable ou de l'histoire, sur une anecdote de société, sur une aventure de roman, et l'esprit alors jouit tout à la fois de ce qu'on lui dit et de ce qu'on lui laisse deviner.

Madame de Sévigné, parlant de sa vieillesse : « J'ai « beau frapper du pied, rien ne sort qu'une vie triste « et uniforme. » Allusion au mot de Pompée, qui se vantait de faire sortir des légions en quelque endroit de l'Italie que son pied frappât la terre.

Madame de Sévigné encore, en annonçant à sa fille que Bossuet avait obtenu la riche abbaye de Rebais, s'écrie : *Le pauvre homme !* Allusion à une des plus jolies scènes du Tartufe.

D'Alembert répondit à Voltaire : « Vous m'écrivez « de votre lit, où vous voyez dix lieues de lac ; et « moi, je vous réponds de mon trou, où je vois le ciel « long de trois aunes. » Allusion à une énigme que se proposent des bergers dans la troisième églogue de Virgile.

VIII. Les citations faites à propos sont bien placées dans un entretien familier ; elles ne déparent point non plus une lettre.

L'art consiste à les bien amener, et le goût à n'en être pas prodigue. Comme on s'éloigne dans un salon de l'homme qui n'y fait usage que de sa mémoire, de même on jette bien promptement le papier qui n'offre que des réminiscences. J'aime mieux cette même madame de Sévigné qui dit dans une de ses lettres charmantes, qu'on ne peut trop offrir pour modèles : « Je « vous rapporterais là-dessus un beau vers du Tasse, « si je m'en souvenais. » Je l'aime mieux, dis-je, que celui qui, à cette occasion, m'en eût débité deux ou trois stances. Dans une lettre : « Soyez *vous* et non *autrui;* elle doit m'ouvrir votre âme et non votre bibliothèque. »

IX. — La suspension. Cette figure de rhétorique convient au style épistolaire comme à la haute éloquence, mais en y mettant les nuances convenables. Elle consiste à promettre une chose, à l'annoncer, ou à la laisser entrevoir, à la faire désirer ensuite, et à tenir son lecteur en **suspens**, afin d'en obtenir plus d'attention.

Devinez ce que c'est, mon enfant, que la chose du monde qui vient le plus vite et qui s'en va le plus lentement ; qui vous fait approcher le plus près de la convalescence, et qui vous en retire le plus loin ; qui vous fait toucher l'état du monde le plus agréable, et qui vous empêche le plus d'en jouir ; qui vous donne les plus belles espérances, et qui en éloigne le plus l'effet. Ne sauriez-vous le deviner ? *Jetez-vous votre langue aux chiens ?* C'est un rhumatisme.

*Madame* DE SÉVIGNÉ.

Il y a aujourd'hui bien des années, ma fille, qu'il vint au monde une créature destinée à vous aimer préférablement à toutes choses. Je prie votre imagination de n'aller ni à droite ni à gauche.

« Cet homme-là, Sire, c'était moi-même (1). »

*La même.*

_______

(1) Vers de Marot à François Ier.

**X.** — Les descriptions ornent une lettre lorsqu'elles y sont courtes et rapides. Il faut laisser les détails aux rhéteurs et aux faiseurs de romans; le style épistolaire veut de la légèreté; il indique et n'approfondit pas; il doit plus offrir à l'imagination qu'à la mémoire, et chercher moins à instruire qu'à plaire, si toutefois le style naturel peut chercher quelque chose.

Nous avons été sur les bords de la mer, à *Dive*, où nous avons couché. Ce pays est très beau, et *Caen*, la plus jolie ville, la plus avenante, la plus gaie, la mieux située ; les plus belles rues, les plus beaux bâtiments, les plus belles églises ; des prairies, des promenades, enfin la source de nos plus beaux esprits (1).

*Madame* DE SÉVIGNÉ.

J'ai été à cette noce (de mademoiselle de Louvois). Que vous dirai-je! Magnificence, illuminations, toute la France, habits rabattus et rebrochés d'or, pierreries, brasiers de feu et de fleurs, embarras de carrosses, cris dans la rue, flambeaux allumés, reculements et gens roués ; enfin, le tourbillon, la dissipation, les demandes sans réponses, les compliments sans savoir ce que l'on dit, les civilités sans savoir à qui l'on parle, les pieds entortillés dans des queues. Du milieu de tout cela, il sortit quelques questions de votre santé, à quoi ne m'étant pas assez pressée de répondre, ceux qui les faisaient sont demeurés dans l'ignorance et dans l'indifférence de ce qui en est. *O vanité des vanités !*

*La même.*

Rien n'est plus plaisant que d'assister à sa toilette (de madame la duchesse de Bourbon), et de la voir se coiffer. J'y fus l'autre jour. Elle s'éveilla à midi et demi, prit sa robe de chambre, vint se coiffer, et manger un pain au pot. Elle se frise et se poudre elle-même ; elle mange en même temps :

(1) Segrais, Malherbe, Huet, etc., étaient de Caen.

les mêmes doigts tiennent alternativement la houppe et le pain au pot : elle mange sa poudre et graisse ses cheveux ; le tout ensemble fait un fort bon déjeuner et une charmante coiffure, etc.

*Madame* DE GRIGNAN.

XI. — Les antithèses et les contrastes. Il n'est personne qui n'ait remarqué combien ces oppositions, ce cliquetis de pensées et de mots donnent de piquant au style, lorsqu'ils ne s'y montrent ni trop fréquemment ni d'une manière forcée.

Voltaire est habile à employer cette figure ; pourquoi faut-il qu'il en abuse ? il fatigue son lecteur à force de vouloir le séduire.

*Lettre à* MAUPERTUIS.

M. Tronchin m'a donné un grand plaisir en m'apportant votre jolie épître ; et voici ma triste réponse :

Soyez toujours mon maître en physique, et mon disciple en amitié ; car je prétends vous aimer beaucoup, à condition que vous m'aimerez un peu.

*Lettre à* D'ALEMBERT.

Je suis très-fâché, Monsieur, que vous ayez connu le prix de la santé par les maladies ; je ne suis pas de ces malheureux qui aiment à avoir des compagnons.

Dumarsais n'a commencé à vivre que depuis qu'il est mort ; vous lui donnez l'existence et l'immortalité, etc.

Madame de Sévigné fait ainsi le portrait de son fils : « Sévigné n'est point fou par la tête, c'est par le cœur : « ses sentiments sont tout vrais, sont tout faux, sont

« tout froids, sont tout brûlants, sont tout fripons, sont
« tout sincères; enfin son cœur est fou. »

XII. — Il est une autre figure de rhétorique assez
semblable à l'antithèse, et qui se place avec succès dans
le style épistolaire, pourvu toutefois que ce soit avec
sobriété; c'est ce qu'on ne saurait trop dire et redire ;
plus une tournure est marquante, moins on doit y
revenir. Rien ne fatigue la vue comme la répétition
des éclairs. Telle est l'antithèse, dont le caractère essentiel consiste dans l'opposition et le contraste des mots
ou des choses, comme *grand* et *petit, bon* et *mauvais,
sage* et *fou, triste* et *gai,* etc.

L'autre figure que j'indique ici résulte d'un rapport
de tournure, d'une ressemblance de syntaxe entre les
divers membres d'une phrase.

*Exemples :*

J'avais le pressentiment de votre goutte, et *j'en sentais
l'inquiétude,* tandis que *vous en sentiez le mal.*

J.-J. ROUSSEAU.

Les femmes sont faites *pour cailleter*, et les hommes *pour
en rire.*

*Le même.*

Si ma santé se dérangeait à un certain point, j'irais chercher chez vous le remède. Je doute que *l'art de guérir* y soit
aussi sûr que *l'art de plaire.*

*Le cardinal* DE BERNIS *à Voltaire.*

Quand on est heureux, il faut être modeste..... Les lettres
*feront mon bonheur*, comme elles *ont fait ma fortune.*

*Le même au même.*

XIII. — Les bons mots, les jeux de paroles, les pointes même, peuvent égayer une lettre, comme ils font rire dans la société ; mais il faut en être extrêmement avare, parce que ce ne sont que des bluettes dont la fréquence devient désagréable. Je dis donc avec Boileau :

> Ce n'est pas quelquefois qu'une muse un peu fine
> Sur un mot, en passant, ne joue et ne badine,
> Et d'un sens détourné n'abuse avec succès ;
> Mais fuyez sur ce point un ridicule excès.

L'attention est comme l'appétit ; il est permis de l'aiguiser ; mais si on l'irrite, on éteint son action. Le goût se blase dès qu'on l'habitue à un assaisonnement forcé. Pour une pointe ingénieuse, il en est cent médiocres ou mauvaises.

XIV. — Il faut de même, en écrivant, être infiniment réservé dans l'usage que l'on fait des proverbes et des locutions proverbiales ; leur application déplacée est toujours une sottise.

Un autre défaut, voisin de celui-là, est l'emploi de termes dont on ne connaît qu'imparfaitement la valeur ; on en fait de mauvaises applications, et l'on apprête à rire à ses dépens.

### Les convenances épistolaires.

Quels préceptes donner pour prévenir les inepties épistolaires ? Un seul, c'est d'être extrêmement circonspect et délicat sur les convenances. Tel mot, déplacé dans telle occasion, serait pardonnable dans une autre. Une plaisanterie, un calembour même, qui ferait rire dans une conversation gaie, ferait pitié dans un entretien sérieux. Le ton qui convient avec un égal révolte avec un supérieur; la légèreté qu'on se permettrait dans des lettres d'homme à homme passerait pour impolitesse si l'on écrivait à une femme. Un fils n'écrira pas à son père comme un père écrirait à son fils, etc.

Les convenances épistolaires consistent donc dans l'art de respecter la distance que mettent entre les individus l'âge, le sexe, le rang, le pouvoir; de n'oublier jamais ce qu'ils sont, et ce que l'on est; de bien calculer ce qu'on peut leur dire, et ce qu'on doit leur taire; de leur écrire en un mot, avec cette mesure qui est la règle des conversations.

Après quarante ans d'une liaison intime, Voltaire n'écrivait jamais à M. de Richelieu qu'en l'appelant *monseigneur*, ou *mon héros*. Le cardinal de Bernis était toujours pour lui *monseigneur*, quoiqu'il eût pu, en qualité d'académicien, l'appeler son confrère, son illustre confrère, qualification sous laquelle le cardinal lui écrivait.

Jamais, quelque plaisanterie que Voltaire se permette avec eux, il ne s'écarte de ce ton respectueux que prescrivent la naissance ou les dignités de ceux à qui l'on écrit.

Voiture le méconnut souvent, et l'on voit, par les mémoires de son temps, que plus d'une fois il eut à s'en repentir.

Marmontel s'en repentit également dans une occasion bien importante pour son bonheur. Il osa oublier cette règle de convenances, qu'il ne faut jamais mettre quelqu'un en opposition avec lui-même, surtout si c'est un homme en place. Vous irritez son amour-propre, et l'amour-propre a de la rancune; lors même qu'il paraît pardonner, il n'oublie pas. Écoutez là-dessus Marmontel lui-même, que l'on accusait d'avoir fait des vers contre M. le duc d'Aumont.

Je revins chez moi sur-le-champ, et j'écrivis au duc d'Aumont pour l'assurer que les vers qu'on m'attribuait n'étaient pas de moi, et que, n'ayant jamais fait de satire contre personne, je n'aurais pas commencé par lui. Il eût fallu m'en tenir là ; mais, tout en écrivant, je me souvins qu'à propos de *Venceslas* et des mensonges publiés contre moi, le duc d'Aumont m'avait écrit lui-même qu'il fallait mépriser ces choses-là, et qu'elles tombaient d'elles-mêmes, lorsqu'on ne les relevait point. Je trouvai naturel et juste de lui renvoyer sa maxime : *en quoi je fis une sottise.* Aussi ma lettre fut-elle prise pour une nouvelle insulte, etc.

*Mémoires* DE MARMONTEL.

Parmi les convenances épistolaires, il en est une qui tient de même bien plus aux procédés qu'à la diction; c'est de ne rendre aucune lettre publique sans l'aveu de la personne à qui vous l'avez écrite ou de qui vous l'avez reçue. Comment disposeriez-vous seul d'un bien dont vous n'êtes que copropriétaire?

M. Rousseau a dû recevoir de moi une lettre de remercîments. Je lui ai parlé dans cette lettre des dangers attachés à la littérature ; je suis dans le cas d'essuyer ces dangers. On fait courir dans Paris des ouvrages sous mon nom ; je dois saisir l'occasion la plus favorable de les désavouer. On m'a conseillé de faire imprimer la lettre que j'ai écrite à M. Rousseau, et de m'étendre un peu sur l'injustice qu'on me fait, et qui peut m'être très-préjudiciable. Je lui en demande la permission. Je ne puis mieux m'adresser, en parlant de l'injustice des hommes, qu'à celui qui les connaît si bien.

VOLTAIRE.

### Du cérémonial des lettres.

Nos pères attachaient une grande importance à l'observation de ce cérémonial. M. de Louvois, dit-on, ne fit pas donner à un vieil officier la pension méritée qu'il sollicitait, parce que celui-ci, dans sa lettre, l'avait appelé *monsieur*, et non *monseigneur*.

Grande dispute aussi pour savoir dans quelles occasions l'on devait être *très-humble et très-obéissant*, ou simplement *très-affectionné serviteur*.

Grande dispute encore pour décider s'il fallait écrire, *j'ai l'honneur d'être avec respect*, ou *je suis avec respect*. On préférait généralement la seconde locution, et l'on n'avait *l'honneur d'être* qu'avec considération ou estime.

Toutes ces pointilleuses difficultés ont heureusement disparu. Voltaire a eu raison de les tourner en ridicule. « César, dit-il, et Pompée s'appelaient dans le sénat « César et Pompée; mais ces gens-là ne savaient pas « vivre; ils finissaient leurs lettres par *vale*, adieu. « Nous étions, nous autres, il y a soixante ans, *affec-* « *tionnés serviteurs;* nous sommes devenus, depuis, *très-* « *humbles et très-obéissants*; et actuellement *nous avons* « *l'honneur de l'être*. Je plains notre postérité, elle ne « pourra que difficilement ajouter à ces belles for- « mules. »

Loin d'y ajouter, elle les supprime; et c'est bien ce qu'elle pouvait faire de mieux. Il ne reste presque plus d'autre étiquette en ce genre que celle qui est relative au chef de l'État, à sa famille, aux dignitaires et aux fonctionnaires publics.

Au Roi, à l'Empereur, *Sire, Votre* ou *Sa Majesté*.

Aux fils, petits-fils et arrière-petits-fils de France, *Monseigneur*, *Votre* ou *Son Altesse Royale*, — *Impériale*.

Aux autres, quoique princes du sang, *Monseigneur*, *Votre* ou *Son Altesse Sérénissime*.

Aux princes qui ne le sont ni par la naissance, ni par une souveraineté, *prince*, ou *mon prince*.

Aux ministres et aux ambassadeurs, *Votre Excellence;* aux cardinaux, *Votre Éminence;* aux évêques, *Votre Grandeur*, etc.

Lorsque la personne à qui l'on écrit est décorée d'un titre, d'une dignité, d'une qualification honorable, il est bon de les rappeler. *Monsieur le Maréchal, le Duc, le Comte, le Marquis*, etc. Pour les femmes : *Madame la Maréchale, la Duchesse, la Comtesse, la Marquise, la Présidente*. Et ces qualifications se répètent à la signature :

Je suis avec respect,

M. le Duc, etc., votre...

On appelle *donner la ligne*, laisser un intervalle plus ou moins grand entre la qualité nominative de la personne à qui l'on écrit, *Monsieur, Madame*, etc., et le commencement de la lettre.

Le placement hors de la ligne se nomme *vedette*. Elle n'a pas lieu dans les lettres à un ami, à un égal, à un inférieur, etc. *J'ai reçu, Monsieur; je suis bien reconnaissant, Madame; permettez, Mademoiselle*, etc.

La date se place indifféremment en haut ou en bas; on croit cependant qu'il est mieux de la renvoyer près de la signature, afin que l'une et l'autre se puissent saisir du même coup d'œil.

Quand cette signature peut s'amener par quelque transition heureuse, la fin de la lettre n'en a que plus de grâce. « La vie est un songe ; rêvons donc le plus « gaîment que nous pourrons. Ce n'est pas un rêve « quand je vous dis que je suis enchanté des bontés « de Votre Éminence, et que je suis son plus passionné « partisan, plein d'un tendre respect pour elle. »

Voltaire au cardinal de Bernis.

Mais, en général, il ne faut pas chercher ces façons de terminer une lettre ; l'on risquerait de ne pas les trouver, et l'on manquerait le naturel.

Le mieux est donc de suivre l'usage, et de placer la signature tout simplement après l'expression d'un sentiment de respect, de reconnaissance, d'estime ou d'attachement.

Agréez, Madame, l'hommage de mon respect, *ou* du respect avec lequel je suis, *etc.*

Recevez, Monsieur, avec bonté, l'assurance de mon respectueux attachement, *ou* du respectueux attachement avec lequel je suis, *etc.*

Les sentiments que vous m'avez inspirés, Monsieur, sont aussi sincères que durables.

Comptez à jamais, Monsieur, sur la reconnaissance et l'attachement de... *etc.*

Mon tendre et respectueux attachement ne finira qu'avec ma vie.

Adieu : je vous embrasse comme je vous aime ; et c'est de tout mon cœur.

Adieu : je brûle d'aller vous embrasser.

Agréez l'hommage des sentiments distingués que je vous ai voués, et que vous méritez si bien, *etc.*, *etc.*

Le choix parmi ces locutions et beaucoup d'autres dépend de la nature des liaisons et des rapports entre les personnes qui s'écrivent. Ce que l'on peut seulement affirmer, c'est que le *très-humble et très-obéissant serviteur* n'est plus que de la grande civilité ou qu'une formule d'usage.

Le mot *considération* ne s'emploie qu'avec ses inférieurs ou ses égaux, à moins qu'il ne soit accompagné de quelque épithète qui le relève, telle que *haute considération, considération distinguée,* etc., ou quelque accommodement flatteur : *Je suis avec autant d'estime pour vos talents que de considération pour votre personne,* etc.

Quelque mauvaise que soit votre écriture, il est plus poli d'écrire vous-même que de dicter; si cependant vous avez recours à ce moyen, il est convenable d'y ajouter un léger correctif.

Si ce n'est pas ma main qui vous écrit, c'est du moins le cœur qui dicte.

Pardonnez à un pauvre malade de ne pouvoir vous écrire de sa main.

Ma main ne répondra pas à la lettre dont vous m'honorez, parce qu'elle est un peu impotente; mais mon cœur, qui ne l'est pas, y répondra, *etc.*

VOLTAIRE.

Il est d'usage de reprendre l'écriture de la page qui suit, à la hauteur des lignes de la page qui précède.

On croit voir dans les apostilles et les *post-scriptum* une teinte d'impolitesse; parce qu'ils décèlent de l'inattention dans la personne qui écrit.

On veut encore qu'il soit impoli, dans une lettre que le respect a commandée, de faire des compliments à un tiers; il faut au moins que cette espèce de liberté soit préparée par un mot d'excuse. *Aurez-vous assez de bonté, madame, pour me rappeler au souvenir de,* etc.

On dit aussi dans une lettre, comme dans la conversation, *monsieur N***,* ou *monsieur votre mari;* et ces mots de *monsieur* ou de *madame* ne s'écrivent point en abrégé.

Voltaire dit à madame de Mineure :

Je n'écris point à monsieur de Mineure, parce que je compte que c'est lui écrire en vous écrivant. Permettez-moi seulement, Madame, de l'assurer de mon respect, et de l'envie extrême que j'ai de le voir.

Je vous prie de présenter mes respects à madame votre tante.

Mes compliments, mes amitiés, mes caresses où ils doivent être; et, pour vous, ma chère enfant, vous savez votre part; c'est moi tout entière.

*Madame* DE SÉVIGNÉ *à sa fille.*

La manière la plus simple de plier une lettre est la meilleure; c'est une attention que de la mettre sous enveloppe.

L'adresse demande quelques détails. Ils paraîtront puérils, mais c'est principalement pour le jeune âge que j'écris. L'énonciation de *à Monseigneur, à Monsieur, à Madame,* etc., doit seule former et terminer la première ligne. A la seconde, l'énonciation se répète, avec le nom de la personne, et rien de plus, à moins que ce nom ne soit précédé d'une qualification inséparable, le *duc de,* le *comte de,* la *marquise de,* etc. A la troisième ligne se mettent l'état et la demeure de la personne; au bas, la ville et le département. Lorsqu'il s'agit d'un personnage bien connu, ou d'un grand fonctionnaire public, *commandant, intendant, évêque,* etc.; on ne désigne ni la rue ni même le département; l'énonciation de la ville est suffisante. On écrivit du fond de l'Asie : *A monsieur de Fontenelle, en Europe.* La missive lui parvint.

Je ne donnerai pas plus d'étendue à ces détails minutieux. L'usage en apprendra plus en quelques jours, que tous les préceptes en six mois. J'ajouterai simplement qu'on est moins difficile sur ces pointilleries de l'étiquette, quand ce sont des femmes qui écrivent; si ce n'est pourtant lorsqu'il s'agit de *pétition,* de *placet,* de *lettre à un homme en place* que l'on sollicite; alors les formes sont plus rigoureuses. Hors de là, il est dans les principes de la politesse française de ne pas exiger des femmes la même soumission à des règles, qui tiennent peut-être plus aux prétentions de la vanité qu'aux vraies convenances sociales.

## Des réponses.

Le cardinal Dubois s'amusait un jour à jeter au feu un tas de lettres qu'il avait laissées s'accumuler sur sa table. « Que faites-vous donc là, Monseigneur? dit M. de Fontenelle qui survint. — Je fais des réponses, je mets au courant. »

Cette manière facile ne doit être celle de personne; *toute lettre mérite réponse,* est un des proverbes de la civilité française. Il n'a d'exception que pour les lettres où les égards sont oubliés et les convenances méconnues. On ne pourrait y répondre qu'en se fâchant : les mépriser est ce que l'on peut faire de mieux.

Hors de là, une réponse doit suivre de près la lettre qui l'a provoquée, et ce serait une malhonnêteté que de

la faire attendre; et, dans ce cas-là, on tâche de justifier ou d'excuser sa lenteur.

En affaires, il la faut claire, précise et détaillée, s'il
se peut, article par article. Madame de Sévigné dit à sa
fille : « Vous contentez ma curiosité sur tout ce que je
« souhaitais, et j'admire votre soin à me faire des ré-
« ponses si ponctuelles : cela fait une conversation
« toute réglée et très-délicieuse. »

Souvent, pour accélérer la correspondance, on met
la réponse article par article sur la lettre que l'on ren-
voie; mais cette manière de répondre suppose une
grande familiarité ou le besoin de s'expliquer promptement. On peut se les permettre dans les billets; au-
trement, une lettre mérite une lettre.

Celle que vous avez reçue est-elle badine? répondez
sur le même ton; sérieuse? que la raison tienne la
plume; obligeante? faites parler la reconnaissance.

Quand la lettre contient une demande, la réponse
veut de la grâce si l'on accorde, et du ménagement si
l'on refuse.

Il serait facile d'étendre ces applications à tous les
genres du commerce épistolaire; mais il suffit de dire,
en général, qu'une réponse doit être analogue, soit
pour le fond, soit pour la forme, à la lettre qui la dé-
termine, puisqu'elle est la continuation de l'entretien
que la lettre a commencé.

Il est d'usage de rappeler la date de cette lettre.


Je reçois dans ce moment deux lettres de vous, ma chère
nièce, l'une du 12, l'autre du 16, toutes deux dans le même
paquet. J'y vais répondre par ordre.

Madame DE MAINTENON.


Mais laissez aux comptoirs de la rue Saint-Denis ces

formules ridicules : *En réponse à la vôtre du dix de l'ex-piré ou de l'écoulé*, etc.

### Des billets.

Ils supposent une sorte de familiarité entre ceux qui se les envoient. On en écrit aussi à ses inférieurs ; ou n'en reçoit pas d'eux.

Ils diffèrent d'une lettre en ce qu'ils n'exigent aucun cérémonial ; qu'ils sont plus courts ; qu'ils ne portent qu'un simple nom pour adresse ; que, jusqu'à la manière tortillée ou bizarre de les plier, ils bravent toute étiquette ; qu'enfin, ils ne s'emploient guère que pour faire une invitation, accompagner un petit présent, annoncer un événement de société, se donner même une simple marque de souvenir et tenir lieu d'une visite.

Lorsqu'un mot agréable ou ingénieux se place naturellement dans un billet, il y ajoute quelque prix.

« Les affaires et les ennuis continuent à me tour-
« menter. Je vous attends à dîner aujourd'hui ; venez
« jeter quelques fleurs sur ma vie. »

Madame de la Vallière, en faisant présent d'une navette d'or à madame de Luxembourg, y joignit ce billet en vers :

L'emblème frappe ici vos yeux ;
Si les Grâces, l'Amour et l'Amitié parfaite
Veulent jamais former des nœuds,
Vous devez tenir la navette.

# INSTRUCTIONS ET MODÈLES

## SUR

## LES DIFFÉRENTS GENRES

### DE

### STYLE ÉPISTOLAIRE

---

## LETTRES DE BONNE ANNÉE

### INSTRUCTION

L'usage de donner des étrennes lorsque l'année se renouvelle, et de s'adresser réciproquement des vœux de santé, de bonheur, de longue vie, remonte à la plus haute antiquité.

Ce n'est pas ici le lieu d'en rechercher l'origine ; il existe de nombreuses dissertations sur ce sujet , et quand on les a lues, on n'est pas plus avancé qu'auparavant pour écrire des lettres de bonne année à ceux envers lesquels c'est un devoir à remplir.

Mais plus un sujet pareil est usé, plus il est difficile de le traiter ; on a épuisé tout ce qui peut se dire en ce genre.

Les vers ont là-dessus une ressource que la prose n'a

pas. Un rimeur invoque les Parques, et il les conjure de filer des jours d'or et de soie au protecteur que l'on complimente; il prie les dieux de suspendre pour son bienfaiteur le cours des saisons et la marche des heures, dont celui-ci est censé faire un si bon usage; il ouvre pour lui le livre des Destins, et il lui promet des années sans nombre, ou du moins il lui prédit celles de Nestor; en un mot, il met à contribution tout ce vieux jargon de la mythologie que l'on rhabille comme on peut, et à qui la mesure et la rime servent de passeport.

Ce secours est refusé à la prose; le seul parti qui lui reste est de s'énoncer avec cette simplicité qui est ou qui paraît être le langage du cœur, et surtout avec cette brièveté qui prévient l'ennui.

Dans une lettre de bonne année, l'enfant exprime aux auteurs de son être son tendre attachement pour eux, son désir d'obtenir la continuation de leurs bontés, ses vœux ardents et sans cesse renouvelés pour leur conservation.

Le protégé fait parler sa reconnaissance et ses souhaits empressés pour la prolongation des années d'un mortel à la vie duquel est attachée sa propre existence.

Si la lettre est de nature à prendre une teinte sérieuse, alors on porte sa pensée sur la rapidité du torrent qui nous entraîne vers cet océan des âges où tout s'abîme sans retour; on emprunte à la morale, à la philosophie, à la religion surtout, ces idées, soit fortes, soit consolantes, qui raidissent notre âme contre les coups de ce vieillard dont la faux n'épargne personne ou qui vous disposent à les souffrir sans murmurer.

Au contraire, si la lettre permet le badinage, on y regarde le renouvellement de l'année comme la passation d'un nouveau bail avec la vie, et l'on s'exhorte à semer de fleurs la route du temps; à laisser au peuple et aux enfants les compliments et les dragées, et à ne compter pour le vrai jour de l'an que celui où l'on est heureux. Enfin, dans cette lettre de pure étiquette, on se contente de souhaiter à la personne qui en est l'objet des jours aussi nombreux que ses grandes ou ses bonnes qualités, que ses bienfaits ou ses vertus; on ajoute même que ces longs jours soient pour le bien de sa famille, de ses amis, de ceux qui l'entourent, et surtout pour l'intérêt des infortunés dont sa sensibilité et ses largesses sont le soutien, etc..

Mais, quelque style que l'on emploie, à quelques lieux communs qu'on ait recours, il ne faut jamais oublier que les fadeurs du jour de l'an sont ce qu'il y a de plus fastidieux au monde; que les compliments de cette solennité ne sauraient se renfermer dans des bornes trop étroites; qu'enfin, là où une phrase suffit, c'est sottise d'en mettre deux. Voltaire était extrêmement concis sur ce point.

À l'impératrice de Russie : « Le public fait des vœux « pour votre prospérité, vous aime et vous admire. « Puisse l'année 1770 être encore plus glorieuse que « 1769 ! »

À Frédéric : « Alcide de l'Allemagne, soyez-en le « Nestor; vivez trois âges d'homme. »

Ovide dit à Germanicus :

*Di tibi dent annos, a te nam cætera sumes.*

Vers charmant que le père Brunoi paraphrase ainsi en écrivant à un parvenu, qui n'avait certes rien de commun avec cet illustre Romain :

> Ovide, pour vos destinées,
> Ferait certes les souhaits les plus doux ;
> Que le ciel donne les années,
> Vous trouverez le reste en vous.

## MODÈLES

### *Lettre de madame* DE SÉVIGNÉ *au comte de Bussy.*

Bonjour, bon an, mon cher comte : que cette année vous soit plus heureuse que celles qui sont passées ; que la paix, le repos et la santé vous tiennent lieu de toutes les fortunes que vous n'avez pas et que vous méritez ; enfin, que vos jours désormais soient filés d'or et de soie, etc.

### *Lettre de la même au même.*

Je commence par vous souhaiter une heureuse année, mon cher cousin : c'est comme si je vous souhaitais la continuation de votre philosophie chrétienne, car c'est ce qui fait le véritable bonheur. Je ne comprends pas qu'on puisse avoir un moment de repos en ce monde, si l'on ne regarde Dieu et sa volonté, où par nécessité il faut se soumettre : avec cet appui, dont on ne saurait se passer, on trouve de la force et du courage pour soutenir les plus grands malheurs. Je vous souhaite donc, mon cousin, la continuation de cette grâce : c'en est une, ne vous y trompez pas ; ce n'est point dans nous que nous trouvons ces ressources.

### *Lettre de* VOLTAIRE *au roi Stanislas.*

Je souhaite à Votre Majesté que votre vie, utile au monde, s'étende au-delà des bornes ordinaires. Aureng-Zeb et

Muley-Ismaël (1) ont vécu l'un et l'autre au delà de cent cinq ans. Si Dieu accorde de si longs jours à des princes infidèles, que ne fera-t-il point pour Stanislas le bienfaisant !

Je suis avec un profond respect...

### Lettre du chevalier DE SAINT-VERAN à madame la marquise ***.

Des compliments, des étrennes, des vœux, c'est, Madame, toute la monnaie du jour ; mais comment, avec cela, puis-je m'acquitter à votre égard ! Des compliments, vous en méritez sans doute plus que personne. Il n'y a qu'un petit malheur, c'est que votre modestie vous les fait toujours refuser ; je pourrais ajouter aussi que je n'ai pas le talent de les bien faire. Pour des étrennes, ce n'est pas sans doute à moi d'en offrir à celle que la fortune a comblée de ses dons. Il ne me reste que des vœux ; et ceux que je fais pour vous, Madame, sont les plus sincères et les plus étendus ; ils n'ont de terme que votre mérite et mon respect : l'un et l'autre sont infinis.

### Lettre du même à M. de ***.

Souffrez, Monsieur, que l'amitié me mette la plume à la main pour vous écrire la vérité, tandis que la bienséance met le mensonge à la bouche de tant d'autres.

La plupart font tout haut des vœux qu'ils désavouent tout bas. C'est un commerce de faussetés dont on est convenu depuis longtemps. Pour moi, Monsieur, je ne fais que suivre les plus vrais de mes sentiments lorsque je vous souhaite une année heureuse et que je vous la souhaite suivie de plusieurs autres. C'est là tout ce que je puis faire, vos talents et vos vertus feront le reste.

C'est le souhait que faisait Ovide à Germanicus.

_________

(1) Le premier régna dans le Mogol, et le second au Maroc.

### *Lettre de mademoiselle* DE HAUT... *à sa mère.*

Je viens, ma chère maman, de faire, avec mes compagnes, la visite du jour de l'an à la respectable fondatrice de cette maison. L'étiquette et la reconnaissance nous ont conduites auprès d'elle. Un sentiment plus doux, plus tendre, plus fort et bien plus durable, car il ne finira qu'avec ma vie, me ramène à vous, chère et bonne maman. Je vous souhaite la santé, je vous souhaite des jours plus heureux, je vous souhaite tout ce que vous pouvez désirer; je vous souhaite, enfin, autant d'années qu'il se débite en ce jour de dragées et de mensonges. C'est à la simple et franche vérité que je rends hommage quand je vous assure que je vous aime, que je vous adore, qu'il n'est pour moi point de bonheur sans le vôtre; que je ne supporte votre absence et les ennuis de la retraite qu'afin de me rendre digne de vous et de vous faire un jour trouver votre meilleure amie dans la plus respectueuse, la plus reconnaissante, la plus tendre des filles.

Joséphine DE H.

### *Lettre de mademoiselle* DE CH... *à sa tante.*

On veut, ma chère tante, que je vous fasse un compliment de bonne année. Je ne le voulais pas; on m'a tant dit que les faiseurs de compliments étaient des menteurs! J'obéis pourtant, mais pour vous redire sans cérémonie, sans compliments, sans fadeur, que je vous aime, que je vous aimerai toujours; que si j'avais la baguette de ces fées dont on m'a parlé, ma bonne tante, tous vos vœux seraient bientôt remplis, et que vous vivriez, ma chère tante, longtemps, longtemps, pour continuer à faire le bonheur de tout le monde, et surtout de votre petite amie.

HENRIETTE.

# LETTRES DE DEMANDE

## INSTRUCTION

Une demande par écrit ne se fait que de deux manières : par un placet ou par une lettre. Le premier ne s'adresse qu'à des gens en place, et il est soumis à des formes qui n'ont rien de commun avec le style épistolaire. La seconde n'a de règles que celles qui sont dictées par la circonstance : que demande-t-on? et à qui?

Si la personne est fort au-dessus de nous, il faut un ton plus respectueux que si l'on en était à une moindre distance. Si la chose est aisée à obtenir, il ne faut pas la même *insistance* que dans le cas où il y aurait des obstacles à vaincre. Si le service enfin dépend de celui à qui l'on s'adresse, il y a peut-être quelques ménagements de moins à garder que si le service exigeait de sa part l'entremise d'un tiers.

Homère, en peignant les prières humbles, boiteuses, et marchant les yeux baissés, nous indique assez qu'un air présomptueux et vain n'est pas propre à concilier la bienveillance de celui dont on sollicite la faveur.

Ces sortes de lettres souffrent un peu de prolixité, soit pour exposer l'espèce d'embarras où l'on se trouve, soit pour détailler la nature du service que l'on attend.

Elles veulent surtout beaucoup d'adresse, afin de rendre favorable à nos désirs l'homme qui peut les satisfaire. Parlez à son cœur, intéressez son amour-propre, faites valoir vos rapports avec lui; développez l'importance que vous attachez à la grâce demandée; peignez surtout la durée et la vivacité de la reconnaissance que vous en conserverez, etc.

La familiarité siérait mal dans une lettre de ce genre, la gaîté encore moins : on ne croit guère au besoin de celui qui demande en riant.

Il n'est permis qu'à l'amitié de plaisanter, de commander, même quand elle sollicite. Je citerai à cet égard une correspondance unique par son laconisme et sa sécurité.

M. Brunel, qui habitait Rouen, écrit à Fontenelle, son ami : « Vous avez mille écus, envoyez-les-moi. »

Fontenelle lui répond : « Lorsque j'ai reçu votre « lettre, j'allais placer mes mille écus; et je ne retrou- « verai pas aisément une aussi bonne occasion : voyez « donc. »

Toute la réplique de M. Brunel fut celle-ci : « En- « voyez-moi vos mille écus. »

Fontenelle les envoya, et il sut un gré infini à M. Brunel de son style laconique.

Mais, encore une fois, il n'appartient qu'à l'amitié de demander avec ce ton d'assurance, ou plutôt de confiance.

Il est même des personnes si peu disposées à obliger, qu'il ne faut s'adresser à elles qu'en tremblant. « Je « vais, disait madame de Maintenon, écrire à un homme « qui a une tête de bois, sans nulle raison, et qui se « soucie peu de mes sollicitations. »

M. de Calonne ne lui ressemblait pas. Qu'on me permette de rappeler ici un mot de ce fin courtisan. La reine Marie-Antoinette, qui l'aperçoit dans la galerie de Versailles, l'arrête et lui dit : « Monsieur le contrôleur général, j'ai une demande à vous faire. — Ordonnez, *Madame*, répondit-il à l'instant; *si la chose est possible, elle est faite; si elle est impossible, elle se fera.* »

## MODÈLES

*Lettre de M. le marquis* DE FEUQUIÈRES (1) *au Roi, en faveur de son fils.*

Après avoir mis devant les yeux de Dieu toute ma vie, que je vais lui rendre, il ne me reste plus rien à faire, avant de la quitter, que de me jeter aux pieds de Votre Majesté. Si je croyais avoir plus de vingt-quatre heures à passer encore en ce monde, je n'oserais prendre la liberté que je prends. Je sais que j'ai déplu à Votre Majesté, et quoique je ne sache pas précisément en quoi, je ne m'en crois pas moins coupable. J'espère, Sire, que Dieu me pardonnera mes péchés, parce que j'en ressens en moi un repentir bien sincère. Vous êtes l'image de Dieu, et j'ose vous supplier de pardonner au moins à mon fils des fautes que je voudrais avoir expiées de mon sang. Ce sont celles, Sire, qui ont donné à Votre Majesté de l'éloignement pour moi et qui sont cause que je meurs dans mon lit, au lieu d'employer à votre service les derniers moments de ma vie et la dernière goutte de mon sang, comme je l'ai toujours souhaité. Sire, au nom de ce Roi des rois devant qui je vais paraître, daignez jeter des yeux de compassion sur un fils unique que je laisse en ce monde, sans appui et sans bien; il est innocent de mes malheurs; il est d'un sang qui a toujours bien servi Votre Majesté. Je prends confiance en la bonté de votre cœur; et après vous avoir encore une fois demandé pardon, je vais me remettre entre les mains de Dieu, à qui je demande pour Votre Majesté toutes les prospérités que méritent vos vertus.

(1) M. le marquis de Feuquières écrivit cette lettre douze heures avant sa mort. Le roi la lut; il en fut touché, et il accorda au fils les pensions du père.

*Lettre de* Marmontel *à M. le duc de Choiseul, pour lui demander une audience particulière.*

Monsieur,

On me dit que vous prêtez l'oreille à la voix qui m'accuse et qui sollicite ma perte. Vous êtes puissant, mais vous êtes juste; je suis malheureux, mais je suis innocent. Je vous prie de m'entendre et de me juger.

Je suis avec un profond respect, etc.

## LETTRES D'AFFAIRES

### INSTRUCTION

Le premier, et peut-être le seul mérite de ce genre de lettres, est de dire clairement ce qu'il faut, et de ne rien dire de plus.

La plaisanterie y serait déplacée : comment celui à qui vous écrivez s'occupera-t-il sérieusement de vos affaires, si vous ne les traitez vous-même qu'en badinant? Le seul parti qu'il puisse prendre est de vous imiter, et de n'y pas mettre plus d'importance que vous.

Voltaire savait, sans contredit, être plaisant dans une lettre : sa correspondance en offre partout des preuves; mais il se garde bien de plaisanter avec l'abbé Moussinot, chargé de ses affaires à Paris.

Il ne prodigue pas non plus avec lui cet esprit dont il était si libéral avec tant d'autres : il sentait bien que l'esprit, dans ces cas-là, n'est propre qu'à détourner l'attention.

Madame de Maintenon en usait de même : point de verbiage, point de phrases; elle va droit au fait. Son style sévère se presse, les pensées se serrent, et les mots s'arrêtent toujours où finissent les choses. Ses lettres sont des modèles en ce genre.

C'est du jugement, c'est du goût qu'il demande : jugement, pour dire nettement ce qui est nécessaire; goût, pour le dire comme il convient. Là surtout il faut sacrifier l'agrément à la précision, ne s'étendre qu'autant que la clarté l'exige, et rejeter avec le plus grand soin ces tournures étranges, ces expressions barbares, ces tours incorrects qu'ont adoptés la plupart de nos négociants.

Un comptoir, je le sais, n'est pas l'Académie; mais, puisque l'on y écrit des lettres en langue française, encore faut-il que cette langue n'y soit pas estropiée sous la plume des commis.

## MODÈLES

*Lettre de* VOLTAIRE *à l'abbé Moussinot.*

Trente-cinq mille livres pour les tapisseries de la *Henriade!* C'est beaucoup, mon cher trésorier. Il faudrait, avant tout, savoir ce que la tapisserie de *Don Quichotte* a été vendue; il faudrait surtout, avant de commencer, que M. de Richelieu me payât mes 50,000 fr. Suspendons donc tout projet de tapisserie, et que M. Oudri ne fasse rien sans plus ample informé.

Faites-moi, mon cher abbé, l'emplette d'une petite table qui puisse servir à la fois d'écran et d'écritoire, et envoyez-la de ma part chez madame de Vinterfeld, rue Plâtrière.

Encore un autre plaisir; il y a un chevalier de Mouhy qui demeure à l'hôtel Dauphin, rue des Orties. Ce chevalier veut m'emprunter cent pistoles, je veux bien les lui prêter. Soit qu'il vienne chez vous, soit que vous alliez chez lui, je vous prie de lui dire que mon plaisir est d'obliger les gens de lettres quand je le puis, mais que je suis actuellement très-mal dans mes affaires; que cependant vous ferez vos efforts pour trouver cet argent, et que vous espérez que le remboursement en sera délégué de façon qu'il n'y ait rien à risquer. Après quoi, vous aurez la bonté de me dire ce que c'est que ce chevalier, et le résultat de ces préliminaires.

Dix-huit francs au petit d'Arneau : dites-lui que je suis malade, et que je ne peux écrire. Pardon de toutes ces guenilles : je suis un bavard bien importun ; mais je vous aime de tout mon cœur.

Lettre du même au même.

Je vous prie, mon cher abbé, de faire chercher une montre à secondes chez Leroi, ou chez Lebon, ou chez Tiout; enfin la meilleure montre, soit d'or ou d'argent, il n'importe; le prix n'importe pas davantage. Si vous pouvez charger de cette montre à répétition l'honnête Savoyard que vous nous avez déjà envoyé ici à cinquante sous par jour, et que nous récompenserons encore outre le prix convenu, vous l'expédierez tout de suite, et vous ferez là une affaire dont je serai satisfait.

D'Hombre, que vous connaissez, a fait banqueroute; il me devait 15,000 francs; il vient de faire un contrat avec ses créanciers, que je n'ai point signé. Parlez, je vous prie, à un procureur, et qu'on m'exploite ce drôle, dont je suis très-mécontent.

J'ai lu l'épître de d'Arneau : je ne crois pas que cela soit imprimé ni doive l'être. Dites-lui que ma santé ne me permet pas d'écrire à personne, mais que je l'aime beaucoup. Retenez-le quelquefois à dîner chez M. Dubreuil : je payerai les poulardes très-volontiers. Eprouvez son esprit et sa probité, afin que je puisse le placer. — Je vous le répète, mon cher ami, vous avez carte blanche sur tout, et je n'ai que des remercîments à vous faire.

# LETTRES DE RECOMMANDATION

## INSTRUCTION

J'ai souvent ouï dire dans le monde : *Cela est léger comme un compliment ou comme une lettre de recommandation.*

Le Français, en effet, accoutumé à dire en société des choses agréables, sans y attacher trop d'importance, recommande souvent avec la même légèreté l'homme qu'il connaît le plus et celui qu'il connaît le moins.

En d'autres pays on y met plus de sévérité : ce n'est qu'en connaissance de cause que l'Anglais, par exemple, accorde une lettre de recommandation ; il la regarde comme un engagement qui le rend, en quelque sorte, la caution du recommandé ; de manière que ce n'est qu'autant qu'il peut répondre de la personne qu'il lui confie cette espèce de lettre de crédit.

Cette méthode est celle que dira la raison. Il ne faut recommander que ce qui est recommandable.

Je sais pourtant qu'il est des occasions où l'on ne peut refuser ce service ; qu'en se rendant difficile là-dessus, on passe pour désobligeant, et que ce n'est là bien souvent qu'un acte de complaisance, et souvent un moyen de se débarrasser d'un importun.

Mais, dans ce cas, on a soin d'écrire une lettre séparée, dans laquelle on réduit la recommandation à sa juste valeur. Sans cela on risquerait de compromettre et son crédit et l'obligeance de la personne que l'on prévient en faveur du recommandé.

Les lettres de recommandation sont subordonnées

aux circonstances. Elles roulent en général sur le mérite de celui qui en est le porteur, sur le degré d'intérêt que l'on prend à sa personne, sur la nature des services que l'on sollicite pour lui, sur la reconnaissance que l'on conservera soi-même des bontés dont il aura été l'objet.

Quand la simple politesse les prescrit, elles demandent beaucoup de brièveté; elles doivent être plus détaillées quand c'est le sentiment qui les écrit, et l'on appuie alors sur ce mot de Cicéron : *Faites qu'il s'aperçoive, à la manière dont il sera reçu de vous, que ma recommandation n'a rien de vulgaire.*

On peut ranger parmi les lettres dont nous parlons celles qui ont pour objet de recommander une affaire, un procès, puisqu'elles ont moins pour motif l'intérêt qu'on prend à la chose, que celui qu'on prend à la personne.

Sous ce rapport, le nom qui leur convient le mieux serait celui de lettres de sollicitation; mais n'oubliez pas qu'elles demandent beaucoup de ménagement et de mesure, pour que vous ne paraissiez pas vouloir compromettre la délicatesse ou la justice de celui à qui elles sont adressées.

« Je devais, dit Ménage, écrire à M. le premier prési- « dent en faveur d'un de mes amis qui avait une affaire « assez fâcheuse. Après avoir longtemps cherché sur « quoi travailler, je ne trouvai rien de plus beau que « ce qu'Agésilas écrivait en pareille occasion à un de « ses amis : *Si Nicias n'a point failli, délivrez-le pour* « *l'amour de vous; s'il a failli, délivrez-le pour l'amour de* « *moi ; de quelque manière que ce soit, délivrez-le.* »

## MODÈLES

*Lettre de* VOLTAIRE *à M. le marquis d'Argenson.*

Que direz-vous de moi, Monsieur? Vous me faites sentir vos bontés de la manière la plus bienfaisante; vous ne semblez me laisser de sentiments que ceux de la reconnaissance, et il faut avec cela que je vous importune encore. Non, ne me croyez pas assez hardi; mais voici le fait : un grand garçon bien fait, aimant les vers, ayant de l'esprit, ne sachant que faire, s'avise de se faire présenter, je ne sais comment, à Cirey. Il m'entend parler de vous, de mon ange gardien. Ho! ho! dit-il, s'il vous fait du bien, il m'en fera donc : écrivez-lui en ma faveur. Mais, Monsieur, considérez que j'abuserais… Hé bien! abusez, dit-il. Je voudrais être à lui, s'il va en ambassade; je ne demande rien; je lui servirai à tout ce qu'il voudra; je suis diligent, je suis bon garçon, je suis de fatigue. Enfin, donnez-moi une lettre pour lui. Moi, qui suis bon homme, je lui donne la lettre. Dès qu'il la tient, il se croit trop heureux : *Je verrai M. d'Argenson!* Et voilà mon grand garçon qui vole à Paris.

J'ai donc, Monsieur, l'honneur de vous en avertir. Il se présentera à vous avec une belle mine et une chétive recommandation. Pardonnez-moi, je vous en conjure, cette importunité : ce n'est pas ma faute; je n'ai pu résister au plaisir de me vanter de vos bontés, et un passant a dit : J'en retiens ma part.

*Lettre de M. le cardinal* DE BERNIS *à Voltaire.*

Je ne saurais refuser cette lettre, mon cher et illustre confrère, à deux jeunes officiers suédois qui ont fait le voyage d'Italie avec beaucoup d'application et d'intelligence, mais qui croiraient n'avoir rien vu si, en retournant dans leur patrie, ils n'avaient pu, au moins un moment, voir et entendre le grand homme de notre siècle. Ils ont cru qu'une lettre de moi serait un passe port pour arriver jusqu'à vous. Je vous prie donc de ne pas vous refuser à leur curiosité, et au désir qu'ils ont de vous présenter un hommage qui n'est pas celui de la flatterie.

Il y a bien longtemps que je n'ai eu de vos nouvelles : je n'en sais que par la renommée; ce n'est pas assez pour mon cœur.

Ne doutez jamais, mon cher confrère, de l'intérêt que je prends à votre santé, à votre conservation, à votre bonheur; je n'ai plus de vœux à faire pour votre gloire. Mon attachement pour vous durera autant que ma vie.

## LETTRES DE CONSEILS

### INSTRUCTION

Un mendiant, à Madrid, sollicitait la compassion d'un passant. « Vous êtes jeune et fort, lui dit cet homme; il vaudrait mieux travailler que de vous livrer au métier honteux que vous faites. — C'est de l'argent que je vous demande, repartit le fier mendiant, et non pas des conseils. »

Cette histoire est à peu près celle de tout le monde : on redoute les conseils, même en paraissant les désirer; ils blessent presque l'amour-propre, qui, en cherchant des avis, ne veut que des approbations.

Souvent même on demande des conseils quand la chose est faite. Gardez-vous bien alors de dire : *Je vous aurais conseillé, j'aurais voulu*, etc. Il n'est plus temps. Il faut trouver bon ce qui est fait, ou vous taire. C'est en ce sens que Fontenelle disait : *Je suis l'ennemi des manuscrits et l'ami des livres.*

Soyez donc extrêmement avare de conseils. Un père en doit à son fils, une mère à sa fille, un tuteur à son pupille, un ami à son ami. Dans ces cas-là, ne les épargnez pas, dussent-ils être mal reçus : c'est une dette qu'il faut acquitter.

Mais, en toute autre circonstance, faites-vous presser plus d'une fois avant de vous ériger en donneur d'avis.

S'il est ensuite nécessaire d'en venir là, usez des plus grands ménagements : une lettre de ce genre ne peut être trop mesurée. Prodiguez-y ces formules : *Il me semble ; je puis me tromper ; ne vous seriez-vous pas trompé par hasard ? Si j'ose vous dire mon sentiment ; vous qui voyez si bien, qui jugez si sainement, comment ne vous êtes-vous pas aperçu,* etc. D'un côté, la modestie de celui qui donne le conseil, de l'autre, l'éloge de celui qui le reçoit, font alors passer ce qu'il peut avoir d'amer.

Voyez de quelle respectueuse adresse se sert Voltaire dans sa correspondance avec le roi de Prusse, lorsqu'il le reprend sur des fautes de langage, et l'éclaire sur les règles de la grammaire et de la poésie, dont le grand Frédéric s'écartait assez souvent. A quelle circonspection plus délicate encore Voltaire n'aurait-il pas eu recours, s'il avait eu à s'expliquer sur des objets d'une plus grande importance !

L'Alceste de Molière a beau recourir à toutes sortes de moyens, soit pour se dispenser de dire son opinion, soit pour l'adoucir quand il la manifeste, il finit par aigrir celui qui l'était venu consulter : et voilà ce qui arrive presque toujours.

Que suit-il de tout cela? qu'il ne faut pas donner des conseils sans y être en quelque sorte forcé ; et que, dans ce cas, on doit user de tout son esprit pour les revêtir de ces gentillesses de style et de ces formules de politesse qui ne permettent pas à l'amour-propre de se fâcher, lors même qu'on l'offense.

## MODÈLES

### *Lettre de* Racine *à son fils.*

C'est tout de bon que nous partons pour notre voyage de Picardie. Comme je serai quinze jours sans vous voir, et que vous êtes continuellement présent à mon esprit, je ne puis m'empêcher de vous répéter encore deux ou trois choses que je crois très-importantes pour votre conduite.

La première, c'est d'être extrêmement circonspect dans vos paroles, et d'éviter la réputation d'être un parleur, qui est la plus mauvaise réputation qu'un jeune homme puisse avoir dans le pays où vous entrez. La seconde est d'avoir une extrême docilité pour les avis de M. et madame Vignan, qui vous aiment comme leur enfant.

N'oubliez point vos études, et cultivez continuellement votre mémoire, qui a grand besoin d'être exercée. Je vous demanderai compte, à mon retour, de vos lectures et surtout de l'histoire de France, dont je vous demanderai à voir des extraits.

Vous savez ce que je vous ai dit des opéras et des comédies : on en doit jouer à Marly : il est très-important pour vous et pour moi-même qu'on ne vous y voie point, d'autant plus que vous êtes présentement à Versailles pour y faire vos exercices, et non point pour assister à toutes ces sortes de divertissements. Le Roi et toute la cour savent le scrupule que je me fais d'y aller, et ils auraient très-méchante opinion de vous, si, à l'âge où vous êtes, vous aviez si peu d'égards pour moi et pour mes sentiments. Je devais, avant toute chose, vous recommander de songer toujours à votre salut, et de ne point perdre l'amour que je vous ai vu pour la religion.

Le plus grand déplaisir qui puisse m'arriver au monde, c'est s'il me revenait que vous êtes indévot, et que Dieu vous est devenu indifférent. Je vous prie de recevoir cet avis avec la même amitié que je vous le donne. Adieu, mon cher fils; donnez-moi souvent de vos nouvelles.

*Lettre de* VOLTAIRE *à Mlle***, qui l'avait consulté sur les livres qu'elle devait lire.*

Je ne suis, Mademoiselle, qu'un vieux malade; et il faut que mon état soit bien douloureux, puisque je n'ai pu répondre plus tôt à la lettre dont vous m'honorez. Vous me demandez des conseils; il ne vous en faut point d'autres que votre goût... Je vous invite à ne lire que les ouvrages qui sont depuis longtemps en possession des suffrages du public, et dont la réputation n'est point équivoque. Il y en a peu; mais on profite bien davantage en les lisant, qu'avec tous les mauvais petits livres dont nous sommes inondés. Les bons auteurs n'ont de l'esprit qu'autant qu'il en faut, ne le cherchent jamais, pensent avec bon sens, et s'expriment avec clarté. Il semble qu'on n'écrive plus qu'en énigme : rien n'est simple, tout est affecté; on s'éloigne en tout de la nature; on a le malheur de vouloir mieux faire que ses maîtres.

Tenez-vous-en, Mademoiselle, à tout ce qui plaît en eux. La moindre affectation est un vice. Les Italiens n'ont dégénéré après *le Tasse* et *l'Arioste*, que parce qu'ils ont voulu avoir trop d'esprit; et les Français sont dans le même cas. Voyez avec quel naturel madame de Sévigné et d'autres dames écrivent!...

Vous verrez que nos bons écrivains, *Fénelon, Racine, Bossuet, Despréaux,* emploient toujours le mot propre. On s'accoutume à bien parler en lisant souvent ceux qui ont bien écrit; on se fait une habitude d'exprimer simplement et noblement sa pensée sans effort. Ce n'est point une étude : il n'en coûte aucune peine de lire ce qui est bon, et de ne lire que cela; on n'a de maître que son plaisir et son goût.

Pardonnez, Mademoiselle, à ces longues réflexions, ne les attribuez qu'à mon obéissance à vos ordres.

Un jeune enfant de Grenoble, grand enthousiaste de Victor Hugo, lui avait adressé une lettre de remercîments pour l'envoi d'un exemplaire des *Voix intérieures*. Cette première missive étant restée sans réponse, notre écolier en écrivit une seconde, et cette fois avec plus de bonheur, car il reçut, au bout de quelques jours, la réponse que voici :

Je vous dois depuis bien longtemps une réponse, mon cher petit enfant ; mais, voyez-vous, j'ai les yeux bien malades, il faut m'excuser. Les médecins me défendent d'écrire ; j'obéis aux médecins comme vous obéissez à votre mère. *La vie se passe à obéir* : n'oubliez pas cela. Mais vous qui êtes petit, vous êtes plus heureux que moi. A votre âge, l'obéissance est toujours douce ; au mien, elle est dure quelquefois ; vous le voyez, puisqu'on m'a empêché de vous écrire. Adieu, mon petit ami ; devenez grand et restez sage.

Victor HUGO.

# LETTRES DE FÉLICITATIONS

## INSTRUCTION

Est-il un homme qui ne tienne pas à quelque autre par les liens de la parenté, de l'amitié, des services, d'une association quelconque, du voisinage même ? Peut-on alors être ou paraître indifférent à ce qui arrive soit d'agréable, soit de fâcheux, aux personnes dont quelqu'une de ces liaisons nous rapproche ?

Dans un compliment de félicitation, qui doit être court, comme tous les compliments, on appuie sur la nature des grâces accordées, sur le mérite de celui qui les obtient, sur le discernement de celui qui les dispense. Là, c'est une récompense bien due à de rares talents ou à de longs travaux; ici, c'est un pas vers une plus grande dignité; c'est le présage d'un avancement plus considérable. On observe que le hasard ne distribue plus les faveurs, que la Fortune n'a plus de bandeau, et qu'elle se réconcilie enfin avec le mérite, etc.

La satisfaction et la joie doivent se montrer dans ces sortes de lettres; il faut y peindre ou y feindre le sentiment. Le cœur se fait un plaisir de l'un; la politesse fait un devoir de l'autre. La moindre teinte de jalousie ou de froideur serait, dans ces occasions, une inconvenance impardonnable.

Il n'est pas même décent de s'y permettre quelque retour sur soi-même, en paraissant espérer que cet accroissement de crédit ou de gloire sera pour le protecteur un moyen nouveau de protéger celui qui le complimente. Il faut s'oublier absolument, pour ne s'occuper que de l'idole à laquelle on porte son encens.

J'ai entendu citer avec éloge ce billet de Louis XIV à M. de La Rochefoucault: « Je vous fais mon compli- « ment comme votre ami, sur la charge de grand-maî- « tre de la garde-robe que je vous donne comme votre « maître. »

Voltaire croit, avec raison, que ce billet n'alla point à son adresse. « C'est, dit-il, ne pas sentir combien il est « peu délicat, combien même il est dur de dire à celui « dont on est le maître qu'on est son maître. »

Il ajoute : « Le secrétaire du cabinet, Rose, écrivit « cette lettre (1), et le Roi avait trop bon goût pour « l'envoyer. »

(1) Voici comment Ménage raconte la chose : « Lorsque le Roi

Rien, encore une fois, ne doit atténuer la félicitation ; le silence serait moins dangereux, car l'amour-propre est ainsi fait, qu'il veut tout ou rien, et qu'un demi-compliment lui paraît une injure.

Il faut même, pour lui plaire, que le compliment ait l'air, s'il se peut, de n'en être pas un.

Il est facile d'imaginer certaines tournures pour ôter à un compliment ce qu'il a de commun et de banal.

Mais, quelle que soit celle que l'on emploie, on doit éviter avec soin qu'à force d'être exagéré, il ne prenne la couleur de l'ironie. « C'est là qu'il est dangereux de « passer le but. Qui passe perd ; et les louanges sont « des satires quand elles peuvent être soupçonnées de « n'être pas sincères; toutes les choses du monde sont « à facettes. »

Madame DE SÉVIGNÉ.

## MODÈLES

Lettre de VOITURE au prince de Condé.

MONSEIGNEUR,

Je crois que vous prendriez la lune avec les dents, si vous

« eut donné à M. de La Rochefoucault la charge de grand-veneur,
« Sa Majesté lui écrivit une lettre de compliment, sur laquelle elle
« voulut bien consulter M. le président Rose. En voici le commence-
« ment : *Monsieur, je me réjouis avec vous, comme votre ami, du présent*
« *que je viens de vous faire comme votre maître.* Sire, lui dit Rose, puis-
« que Votre Majesté veut bien me faire l'honneur de me consulter,
« je prendrai la liberté de lui dire que cela est trop brillant, et qu'il
« y a trop d'esprit pour une lettre d'un roi à un de ses sujets ; le ca-
« ractère de souverain demande plus de sérieux. Le Roi, qui a le
« sens le plus juste qu'aucun de son royaume, approuva la remarque
« et changea sa lettre. » Cela est beau pour un prince.

l'aviez entrepris. Je n'ai garde de m'étonner que vous ayez pris Dunkerque; rien ne vous est impossible; je suis seulement en peine de ce que je dirai à Votre Altesse là-dessus, et par quels termes extraordinaires je lui pourrai faire entendre ce que je conçois d'elle.

A nous autres beaux-esprits, qui sommes obligés de vous écrire sur les bons succès qui vous arrivent, c'est une chose bien embarrassante que d'avoir à trouver des paroles qui répondent à vos actions, et de temps en temps de nouvelles louanges à vous donner. S'il vous plaisait vous laisser battre quelquefois, ou lever seulement le siége de devant quelque place, nous pourrions nous sauver par la diversité, et nous trouverions quelque chose de beau à vous dire sur l'inconstance de la fortune, et sur l'honneur qu'il y a à souffrir courageusement ses disgrâces; mais, dès vos premiers exploits, vous ayant mis, avec raison, de pair avec Alexandre, et voyant que de jour en jour vous vous élevez davantage, en vérité, Monseigneur, nous ne saurions où vous mettre, ni nous aussi; et nous ne trouvons plus rien à dire qui ne soit au-dessous de vous.

*Lettre de madame* DE MAINTENON *à Mlle d'Osmond.*

Je suis ravie de votre établissement, Mademoiselle. Celui qui vous épouse est bien estimable; il préfère votre vertu aux richesses qu'il aurait pu trouver; et vous, vous préférez la sienne aux biens que vous allez partager avec lui. Avec de tels sentiments, un mariage ne peut être qu'heureux; Dieu bénira deux époux dont la piété est le lien. Je ne cesserai jamais de vous aimer, et de me souvenir que je suis aimée de vous.

# LETTRES DE REMERCIMENTS

## INSTRUCTION

La reconnaissance est un devoir sacré pour quiconque a reçu un bienfait.

C'est à la nature de la grâce reçue à déterminer le degré du sentiment de la lettre ; c'est aussi au caractère du bienfaiteur à en régler le style. En général, la diction doit être respectueuse sans bassesse, flatteuse sans flagornerie, légère sans inconvenance, gaie même sans excès. Il faut que le cœur paraisse en faire les frais bien plus que l'esprit, et que sa tournure annonce que cette reconnaissance, qui pour tant d'autres est un fardeau, n'est pour celui qui remercie qu'un devoir bien doux à remplir.

Voilà surtout la raison pour laquelle je dis que la gaîté peut s'allier au respect dans une lettre de ce genre ; en prouvant que la reconnaissance n'a rien de forcé, elle sauve la fadeur du remercîment, et met à l'aise la modestie du bienfaiteur, qu'un éloge trop prononcé embarrasse toujours.

Souvent on laisse entrevoir qu'à la première occasion l'on usera de retour ; quelques personnes vont même jusqu'à prier de la faire naître. Cette manière de s'exprimer n'est point délicate ; elle a l'air de regarder le bienfait comme une sorte d'emprunt que l'on sera exact à rembourser : et par là, se mettant en quelque sorte de niveau avec le bienfaiteur, l'on révolte sa vanité.

Le grand art est de ne voir que lui sans aucun retour sur soi-même ; de donner au service rendu tout le prix dont il est susceptible ; de vanter avec finesse le crédit, la générosité, l'obligeance de celui à qui l'on est redevable, et de l'assurer d'une reconnaissance que le temps ne saurait borner.

C'est le moyen de nous l'attacher par ses propres bienfaits. La gratitude alimente la bienfaisance; et plus les remercîments auront de la grâce et un air de vérité, plus le bienfaiteur s'empressera d'en mériter encore.

Madame de Sévigné, voulant faire une maxime dans le goût de celles de La Rochefoucault, a dit : *L'ingratitude attire les reproches, comme la reconnaissance attire de nouveaux bienfaits.*

## MODÈLES

*Lettre de madame* DE SIMIANE.

Je voudrais bien trouver, Monsieur, quelque façon de vous témoigner ma reconnaissance, qui convînt et qui fût assortie à toute celle que j'ai dans le cœur pour le bien que vous venez de faire au pauvre petit *Bernard.* Vous en serez content, c'est un bon sujet; il répondra par son zèle à toutes vos bontés : voilà qui nous acquittera un peu tous. Soyez bien persuadé, s'il vous plaît, que vous n'obligerez pas une ingrate, et que vos bienfaits me pénètrent à un point qui vous acquiert mon moi tout entier. Si, avec cela, *Varanges* est nommé écrivain de vaisseau, je ne sais plus où donner de la tête. Ma grand'mère (*madame de Sévigné*) disait, en pareil cas, que, quand on était obligé à quelqu'un à un certain point, il n'y avait que l'ingratitude qui pût tirer d'affaire. Je ne me sens point encore cette façon de penser à votre égard, etc.

*Lettre de* VOLTAIRE.

J'apprends, Monsieur, le détail des obligations que je vous

ai. Vous n'êtes pas de ces gens qui souhaitent du bien à leurs amis, vous leur en faites. D'autres diraient : *Comment se tirera-t-on de là? la chose est embarrassante;* et quand ils auraient plaint leur homme, ils le laisseraient là, et iraient souper. Pour vous, vous raccommodez tout, et très-vite, et très-bien, et vous servez vos amis de toutes façons, etc.

## LETTRES DE CONDOLÉANCE

### INSTRUCTION

Le caractère d'une lettre dépendant toujours de la nature du sujet, il est sensible que la plaisanterie et les bons mots doivent être sévèrement bannis d'un compliment de condoléance.

Ces sortes de choses ne font qu'irriter la douleur. La seule manière de l'adoucir, c'est de la partager, c'est de pleurer avec celui qui pleure ; mêlez vos larmes avec les siennes, et vous lui prouverez plus d'intérêt que vos ingénieux discours ne lui apporteraient de consolation.

S'il a perdu un fils, une épouse, un ami, faites-en l'éloge avec lui ; ajoutez encore à ses regrets par les vôtres ; en vous associant ainsi aux peines qu'il souffre, vous le disposerez facilement à recevoir de vous les adoucissements que la philosophie et la religion seules apportent aux maux qui sont sans remède.

Si les chagrins sont d'un autre genre, la rhétorique vous offre alors ces lieux communs dont l'orateur sait tirer un si grand parti.

Est-ce, par exemple, un procès perdu? Accusez les

ruses de la chicane, l'impéritie du défenseur, l'inattention des juges, le crédit de la partie adverse, etc.

Est-ce un échec du côté de la fortune? Faites retomber l'événement sur l'inconstance de l'aveugle déesse, qui dispose des biens au gré de ses caprices. Mais ayez soin de remarquer que, si elle a ses disgrâces, elle a aussi ses retours; que le temps la ramène, que l'économie en affaiblit les outrages, etc.

Est-ce enfin une place, un emploi, dont l'affligé regrette la perte? Rejetez-vous sur les petites menées des intrigants, sur l'audace calomniatrice des ambitieux, sur le cailletage des boudoirs, sur les séductions de tout genre auxquelles sont exposés les dispensateurs des grâces, etc.

Mais finissez toujours par faire briller dans le lointain cette douce espérance, qui est pour l'âme abattue et déchirée ce qu'est au laboureur désolé par l'orage l'arc céleste qui lui en annonce la fin et lui promet la sérénité.

## MODÈLES

### Lettre de FLÉCHIER à M. Salvador.

Je regrette bien, Monsieur, la perte que vous avez faite de monsieur votre père, et je compatis à votre douleur. Il vous laisse les véritables biens, qui sont ses vertus et ses bons exemples; et les plus solides consolations, qui sont une longue continuation de sagesse et de piété, une vie de chrétien, et une mort de patriarche. Je vous souhaite une aussi longue pratique de bonnes œuvres; et persuadé qu'il ne manque à la perfection de votre mérite que ce qu'un âge comme le sien y peut ajouter, je félicite vos enfants de retrouver en vous ce que vous perdez en monsieur votre père. Je suis, etc.

*Lettre de* J.-J. ROUSSEAU *à M. le maréchal de Luxembourg.*

J'apprends, monsieur le maréchal, la perte que vous venez de faire (de madame de Villeroi, sa sœur), et ce moment est un de ceux où j'ai le plus de regret de n'être pas auprès de vous : car la joie se suffit à elle-même ; mais la tristesse a besoin de s'épancher, et l'amitié est bien plus précieuse dans la peine que dans le plaisir. Que les mortels sont à plaindre de se faire entre eux des attachements durables ! Ah ! puisqu'il faut passer sa vie à pleurer ceux qui nous sont chers, à pleurer les uns morts, les autres peu dignes de vivre, que je la trouve peu regrettable à tous égards ! Ceux qui s'en vont sont plus heureux que ceux qui restent, ils n'ont plus rien à pleurer. Ces réflexions sont communes : qu'importe ! en sont-elles moins naturelles ? Elles sont d'un homme plus propre à s'affliger avec ses amis qu'à les consoler, et qui sent aigrir ses propres peines en s'attendrissant sur les leurs.

*Lettre de* J.-B. ROUSSEAU *à M.* D*** *sur la mort de son fils aîné.*

Quelle perte, bon Dieu ! et à quelle épreuve la Providence a-t-elle voulu mettre votre vertu, Monsieur ! C'est ainsi qu'elle se joue des projets qui nous paraissent les plus légitimes. Vous avez joui jusqu'à présent de tous les avantages de cette vie ; une longue et constante prospérité, une fortune établie, une famille digne de vous, voilà bien des grâces que Dieu n'était pas obligé de vous faire ; et peut-être n'avez-vous pas assez songé que c'était à lui seul que vous les deviez. On ne lui attribue que la mauvaise fortune, et on croit ne devoir la bonne qu'à soi-même. Il faut pourtant tôt ou tard payer nos dettes, et se mettre dans l'esprit qu'il ne nous envoie point dans ce monde pour être heureux.

Recevez votre affliction comme une expiation des fautes auxquelles nous sommes tous sujets en cette vie, et comme un gage du bonheur que Dieu vous prépare dans une autre. Il vous reste un fils ; donnez tous vos soins à en faire un aussi honnête homme que vous : en un mot, consolez-vous avec celui qui vous reste, et priez pour celui que vous n'avez plus.

Vous serez peut-être surpris de recevoir de pareils conseils d'un faiseur d'épigrammes ; mais, Dieu merci, j'en ai porté la peine, et je m'estimerais malheureux si je n'en avais pas été puni.

———o———

## LETTRES DE REPROCHES

### INSTRUCTION

Cet article-ci est encore plus délicat que celui des conseils ; il demande plus de ménagements.

Celui qui fait un reproche laisse quelquefois trop conduire sa plume par l'humeur, et il oublie les convenances. Le reproche alors, au lieu d'amener des excuses ou un raccommodement, ne peut qu'augmenter l'éloignement, et conduire à la haine.

La chose devient même d'autant plus facile, que le reproche est plus ou moins mérité. S'il est fondé, celui qui le mérite s'obstine à ne point revenir sur ses pas, et il aggrave ses torts pour prouver qu'il n'en a pas eu. Si, au contraire, le reproche est hasardé, il irrite la sensibilité ; il fait rougir d'être lié avec une personne soupçonneuse ou susceptible. Plus d'une fois des reproches maladroits ont amené des ruptures, et la plupart des brouilleries de société ne tiennent qu'à des malentendus, à ce défaut d'indulgence qui ne sait rien

3.

pardonner, à ce tort si commun de ne vouloir jamais, comme disent les enfants, *avoir le dernier.*

Le plus sûr dans une lettre de reproches est de prendre le ton du badinage, et d'employer ce persiflage que les gens de la bonne compagnie possèdent si bien : alors vous facilitez à la personne dont vous croyez avoir à vous plaindre des moyens de retour. La réprimande l'aigrirait ; le reproche la touche. Un style dont le badinage tempère la rigueur lui donne la confiance du repentir.

On sent que ceci ne doit s'appliquer qu'à ces torts de société que l'amour-propre de l'offensé exagère trop souvent, et que les tracasseries et les caquets fomentent plus souvent encore.

Distinguons le reproche de la réprimande : celle-ci tient à une sorte d'autorité qui s'exerce sur celui qui a mérité le blâme. Un père réprimande son fils ; un chef, ceux qui lui sont subordonnés : la plaisanterie alors serait déplacée ; c'est la sévérité et la raison qui doivent guider la plume.

Mais le reproche ! il tient au sentiment, et ne doit avoir lieu qu'à l'égard de ceux à qui l'on est attaché par ces liens dont la douceur fait l'agrément de la société. Elle semble même ne subsister que par cette indulgence réciproque, qui est, à proprement parler, la vertu sociale.

Soyez donc indulgent, même dans la bouderie, et laissez toujours entrevoir, en vous permettant un reproche, qu'il est moins dicté par l'envie de faire une querelle que par le désir de voir renaître le calme et l'union.

Cicéron, dans son *Traité de l'amitié,* dit qu'il faut aimer comme pouvant haïr un jour : je ne suis point de son avis. Mais il ajoute qu'il faut haïr comme pouvant un jour aimer : je partage bien son opinion ; et c'est pour cela que je veux autant de circonspection dans le reproche que d'abandon dans la confiance.

## MODÈLES

*Lettre du comte* DE BUSSY *au comte de Colligny.*

Est-ce vous, mon cher cousin, qui passez à ma porte à l'entrée de la nuit, sans venir coucher chez moi ? Quoi ! mon parent, mon ami, qu'il y a dix ans qu'il ne m'a vu, me faire un tour comme celui-là ! allez, vous ne méritez pas les reproches que je vous fais, ils sont trop tendres pour une pareille action. Quand vous n'auriez pas le plaisir que vous devriez avoir de me revoir, je vous aurais dit mille nouvelles sur lesquelles nous aurions fait mille réflexions. Nous nous serions montré l'un à l'autre la fermeté avec laquelle nous soutenons notre mauvaise fortune. Mais enfin, puisque tout cela vous est indifférent, je me contenterai de vous dire adieu.

*Lettre du cardinal* DE BERNIS *à Voltaire.*

A quel jeu vous ai-je perdu, mon cher confrère ? pourquoi suis-je tombé dans votre disgrâce ? vos lettres ne me sont-elles pas parvenues , ou n'avez-vous pas reçu mes réponses ? J'ai été fort exact. Je ne saurais penser que vous m'ayez totalement quitté. Si ce n'est qu'une infidélité passagère, je sens que je vous aime assez pour vous la pardonner. Dites-moi donc ce que c'est, et ne me laissez pas croire que je suis un sot de vous aimer, et vous un ingrat de ne pas répondre à tous les sentiments qui m'attachent à vous pour la vie.

## LETTRES D'EXCUSES

### INSTRUCTION

J'ai lu cette pensée dans une lettre de *Pope :* « Quand
« un homme dit, le lendemain, qu'il s'est trompé la
« veille, c'est comme s'il disait : Je suis plus sage
« aujourd'hui qu'hier. » Cette réflexion bien méditée
devrait rendre les excuses plus faciles : mais elles coû-
teront toujours à faire ; moins encore parce qu'elles hu-
milient notre orgueil, que parce qu'elles nous obligent
en quelque sorte à rendre hommage à celui des autres.

C'est cependant l'une des premières qualités sociales,
que celle qui nous porte à manifester le regret d'avoir
eu des torts, et le désir de les réparer. Tout consiste
dans la manière dont on s'y prend pour qu'ils s'oublient.

On sait l'histoire de ce page qui, à la tenue d'un lit de
justice à Versailles, se glissa derrière la tapisserie, et y
accrocha la perruque du premier président. Quand le
roi parut, ce magistrat se lève, et ne laisse voir qu'une
tête chauve. « Sire, je croyais saluer V. M. en premier
président, je ne puis le faire qu'en enfant de chœur. »
On rit de cette espièglerie du page ; mais enfin il fallait
une réparation ; le roi lui ordonna d'aller faire des
excuses au chef du parlement. L'étourdi monte à
cheval au milieu de la nuit, court à l'hôtel du premier
président, s'annonce de la part du roi, et fait éveiller
le magistrat, auquel il présente ses très-humbles
excuses. M. de Harlay lui dit d'un grand sang-froid que
la réparation était pire que la faute, et il alla se remet-

tre au lit, tandis que le page courut amuser ses camarades de cette nouvelle folie.

La lettre d'excuses dont la tournure rappellerait une pareille équipée, aggraverait les torts au lieu de les effacer.

Une légère discussion sur le fait, une explication propre à l'atténuer, un recours à l'intention que l'on a eue, une protestation renouvelée de respect et d'attachement, un vif regret d'avoir pu déplaire, un désir bien prononcé de recouvrer les bonnes grâces perdues, voilà quels doivent être à peu près les éléments d'une lettre d'excuses.

Le badinage cependant peut quelquefois y trouver place. *J'ai ri, me voilà désarmé,* est un mot bien vrai dans la société : celui que l'on a fait rire ne conserve plus de rancune.

Mais ceci demande beaucoup d'adresse ; ceci dépend encore plus de ces rapports de circonstances qu'on ne saurait déterminer, et qui tiennent, soit à la chose que l'on veut faire oublier, soit aux personnes à qui l'on crie *merci.*

S'il y a ici, au contraire, une règle générale, c'est que les lettres d'excuses exigent une manière grave et sérieuse. La plupart des personnes n'aiment pas qu'on plaisante en fait de procédés ; elles veulent, pour pardonner, que l'on paraisse au moins se repentir.

## MODÈLES

*Lettre de madame la comtesse* DU PLESSIS *à M. de Bussy.*

Je suis fort paresseuse quand il n'est question que de faire des compliments à des amis, ou de les assurer que je les aime toujours. Je crois qu'ils ne doivent pas douter du dernier; et pour l'autre, il me semble qu'il n'importe guère à celui qui l'écrit et à celui qui le reçoit : voilà mes raisons bonnes ou mauvaises; je vous les mande comme je le pense. Il n'en est pas de même quand il est question du service de quelqu'un que j'aime autant que vous, et à qui je suis aussi proche. Mandez-moi à quoi je puis vous être utile, Monsieur, et vous verrez avec quelle vivacité je m'emploierai pour vous marquer ma tendresse.

### Lettre de madame DE SÉVIGNÉ à M. de Bussy-Rabutin.

Je me presse de vous écrire, afin d'effacer promptement de votre esprit le chagrin que ma dernière lettre y a mis. Je ne l'eus pas plus tôt écrite que je m'en repentis... Il est vrai que j'étais de méchante humeur; je n'eus pas la docilité de démonter mon esprit pour vous écrire; je trempai ma plume dans mon fiel, et cela composa une sotte lettre amère, dont je vous fais mille excuses. Si vous fussiez entré une heure après dans ma chambre, nous nous fussions moqués de moi ensemble...

Adieu, comte, point de rancune; ne nous tracassons plus. J'ai un peu de tort : mais qui n'en a pas dans ce monde? Je suis bien aise que vous reveniez pour ma fille. Demandez à M. de C*** combien elle est jolie. Montrez-lui ma lettre, afin qu'il voie que si je fais les maux, je fais les médecines.

### Lettre de J.-J. ROUSSEAU à M. Dupeyron.

Je vois avec douleur, mon cher ami, par votre n° 35, que je vous ai écrit des choses déraisonnables, dont vous vous tenez offensé. Il faut que vous ayez raison d'en user ainsi, puisque vous êtes de sang-froid en lisant mes lettres, et que je ne le suis point en les écrivant : ainsi vous êtes plus en état que moi de juger les choses telles qu'elles sont.

Mais cette considération doit être aussi de votre part une plus grande raison d'indulgence. Ce qu'on écrit dans le trou-

ble ne doit pas être envisagé comme ce qu'on écrit de sang-
froid : un dépit outré a pu me laisser échapper des expressions
démenties par mon cœur, qui n'eut jamais pour vous que
des sentiments honorables.

Au contraire, quoique vos expressions le soient toujours,
vos idées souvent ne le sont guère, et voilà ce qui, dans le
fort de mes afflictions, a achevé de m'abattre. En me suppo-
sant tous les torts dont vous m'avez chargé, il fallait peut-
être attendre un autre moment pour me les dire, ou du
moins vous résoudre à endurer ce qui pouvait en résulter.

Je ne prétends pas, à Dieu ne plaise, m'excuser ici, ni
vous charger, mais seulement vous donner des raisons qui
me semblent justes, d'oublier les torts d'un ami dans
mon état. Je vous en demande pardon de tout mon cœur ;
j'ai grand besoin que vous me l'accordiez, et je vous proteste,
avec vérité, que je n'ai jamais cessé un seul moment d'avoir
pour vous tous les sentiments que j'aurais désiré vous
trouver pour moi... Mon tendre attachement et mon vrai respect pour vous ne peuvent pas plus sortir de mon cœur que
l'amour de la vertu.


*Lettre de madame* DE LA FAYETTE *à madame de Sévigné.*


Hé bien, hé bien, ma belle ! qu'avez-vous à crier comme
un aigle ! Je vous mande que vous attendiez à juger de moi
quand vous serez ici ; qu'y a-t-il de si terrible à ces paroles !
Mes journées sont remplies. Il est vrai que Bayar est ici, et
qu'il fait mes affaires ; mais quand il a couru tout le jour
pour mon service, écrirai-je ! encore faut-il lui parler. Quand
j'ai couru, moi, et que je reviens, je trouve M. de La Rochefoucault, que je n'ai point vu de tout le jour : écrirai-je !
M. de La Rochefoucault et Courville sont ici ; écrirai-je !
Mais quand ils sont sortis ! Ah ! quand ils sont sortis, il est
onze heures, et je sors, moi. Je couche chez nos voisins,
parce qu'on bâtit devant nos fenêtres. Mais l'après-dînée ! J'ai
mal à la tête. Mais le matin ! J'y ai mal encore ; et je prends

des bouillons d'herbes qui m'enivrent. Vous êtes en Provence, ma belle; vos heures sont libres, et votre tête encore plus. Le goût d'écrire vous dure encore pour tout le monde; et si j'avais un amant qui voulût de mes lettres tous les matins, je romprais avec lui. Ne mesurez donc point notre amitié sur l'écriture; je vous aimerai autant, en ne vous écrivant qu'une page en un mois, que vous en m'en écrivant dix en huit jours.

Lettre de M. CARACCIOLI.

Je vous boude et vous me boudez : cela s'appelle partie et revanche. Il ne s'agit plus que de jouer le tout. Mais sommes-nous raisonnables l'un et l'autre? je n'en crois rien. Des amis se brouillent-ils pour des vétilles? je ne le présume pas.

Je connais mon cœur; je suis dans sa confidence; il ne pourrait jamais consentir à ne plus vous aimer. Il m'a grondé comme un nègre, parce que je balançai deux minutes si je vous écrirais. Il m'a mis lui-même la plume à la main, et il me dicte ce que je vous marque.

---

# LETTRES DE NOUVELLES

## INSTRUCTION

C'est une plaisante chose que les provinces! tout le monde y est nouvelliste dès le berceau; et vous n'y rencontrez que gens qui débitent gravement et affirmativement les plus sottes choses du monde.

RACINE à son fils.

La raison en est qu'en province chacun est plus ou

moins désœuvré, et que l'oisiveté fait la plupart des nouvellistes.

Si vous êtes de ce nombre, ou que les circonstances vous fassent une sorte d'obligation de demander des nouvelles, ou enfin que vous ayez recours à ce moyen pour remplir votre feuille, il faut se souvenir qu'une lettre de nouvelles n'est pas une gazette, et qu'elle ne doit en avoir ni la sécheresse, ni le soin minutieux de rappeler toutes les dates, ni l'affectation à se servir des termes techniques, des locutions de palais, etc.

Écrivez les nouvelles comme vous les raconteriez dans un salon, sans préambule ni verbiage, mais en les assaisonnant de cet esprit de saillie qui réveille l'attention, ou en y mêlant cet intérêt qui la soutient.

Leur première qualité consiste à être vraies; sans cela vous perdez bientôt toute confiance.

Je demande des nouvelles très-courtes, des faits sans réflexions, et plutôt rien que des faits hasardés.

VOLTAIRE.

Tout ce que je vous mande est vrai; je ne me charge point des fadaises dont on croit faire plaisir aux gens éloignés; c'est abuser d'eux : et je choisis bien plus ce que je vous écris que ce que je vous dirais si vous étiez ici.

*Mad*. DE SÉVIGNÉ.

Il faut aussi que la nouvelle puisse intéresser ceux à qui vous en faites part.

Il faut enfin qu'elle soit de nature à pouvoir s'écrire : on ne saurait en ceci user de trop de prudence ; plus d'une fois des nouvelles mandées trop légèrement ont perdu celui dont elles portaient la signature, et compromis celui qu'indiquait leur adresse.

Si la nouvelle est douteuse, ne vous hâtez pas de la répandre.

Si elle est affligeante, laissez à un autre le triste soin de la faire parvenir. Ne disputez l'avantage d'être le premier à la dire qu'autant que vous serez sûr qu'elle plaira.

Ne différez pas non plus de vous rétracter si la nouvelle que vous avez publiée vient à se démentir : il est beau de revenir sur ses pas quand on s'est égaré. Dire : Je me suis trompé, c'est avouer, suivant Pope, que l'on est plus sage aujourd'hui qu'hier.

Enfin, ne vous attachez pas ici à embellir votre style de ces transitions qui font toujours si bien quand elles sont heureuses. Ce n'est pas qu'une lettre de nouvelles rejette ces liaisons lorsqu'elles se présentent naturellement ; mais elle peut s'en dispenser sans rien perdre de son mérite. Comme on est toujours pressé d'apprendre les nouvelles, on veut que celui qui les apporte se presse aussi de les dire : la sécheresse d'un journal vaut encore mieux dans ce cas-là que les plus belles narrations d'un roman.

Il n'est d'exception que pour les nouvelles littéraires, sur lesquelles on peut jeter à pleines mains ou toutes les fleurs ou tout le sel dont le nouvelliste est capable.

J'ajoute qu'il est prudent de ne pas trop chercher à savoir des nouvelles : il en est tant que l'on doit craindre d'apprendre ! c'est même, hélas ! le plus grand nombre, et le questionneur est souvent le premier puni.

*Huet*, cet évêque d'Avranches si célèbre par son érudition, avait la manie de ne jamais ouvrir ses lettres avant de se mettre à table ou avant de se mettre au lit : il disait qu'il y avait toujours plus de mauvaises nouvelles que de bonnes, et qu'il ne voulait troubler ni ses repas ni son repos.

## MODÈLES

*Lettre de* RACINE *à Boileau.*

Au camp, devant Namur.

Namur, cette place si terrible, a vu ses dehors emportés en fort peu de temps, sans qu'il en ait coûté au roi plus de trente hommes. Ne croyez pas pour cela qu'on ait eu affaire à des poltrons. Tous ceux de nos gens qui ont été à ces attaques sont étonnés du courage des assiégés. Mais vous jugerez de l'effet terrible du canon et des bombes, quand je vous dirai, sur le rapport d'un officier espagnol qui fut pris hier dans les dehors, que notre artillerie leur a tué en deux jours douze cents hommes. Imaginez-vous trois batteries qui se croisent, et qui tirent continuellement sur de pauvres gens qui sont vus d'en haut et de revers, et qui ne peuvent pas trouver un seul recoin où ils soient en sûreté. On dit qu'on a trouvé les dehors tout pleins de corps dont le canon a emporté les têtes, comme si on les avait coupées avec des sabres. Cela n'empêche pas que plusieurs de nos gens n'aient fait des actions de grande valeur. Les grenadiers du régiment des gardes-françaises et ceux des gardes-suisses se sont entre autres extrêmement distingués. On raconte plusieurs actions particulières que je vous redirai quelque jour, et que vous entendrez avec plaisir. Mais en voici une que je ne puis différer de vous dire, et que j'ai ouï conter au roi même.

Un soldat du régiment des fusiliers, qui travaillait à la tranchée, y avait porté un gabion : un coup de canon vint qui emporta son gabion. Aussitôt il en alla poser à la même place un autre, qui fut sur-le-champ emporté par un autre coup de canon. Le soldat, sans rien dire, en prit un troisième, et l'alla poser : un troisième coup de canon emporta ce troisième gabion. Alors le soldat rebuté se tint en repos. Mais son officier lui commanda de ne pas laisser cet endroit sans gabion. Le soldat dit : *J'irai, mais j'y serai tué.* Il y alla, et en posant son quatrième gabion eut le bras fracassé d'un quatrième coup de canon. Il revint soutenant son bras pendant avec l'autre bras, et se contenta de dire à son officier : *Je vous l'avais bien dit.* Il fallut lui couper le bras, qui ne tenait presque à rien. Il souffrit cela sans desserrer les dents ; et après l'opération, dit froidement : *Je suis donc hors d'état de travailler, c'est maintenant au roi à me nourrir.* Je crois que vous me pardonnerez le peu d'ordre de cette narration ; mais assurez-vous qu'elle est vraie.

*Lettre du maréchal* DE LUXEMBOURG *au roi, après la bataille de Nerwinde.*

SIRE,

Artaignan, qui a bien vu l'action, en rendra compte à Votre Majesté. Vos ennemis y ont fait des merveilles, vos troupes encore mieux. Pour moi, Sire, je n'ai d'autre mérite que d'avoir exécuté vos ordres. Vous m'avez dit de prendre la ville et de gagner une bataille ; je l'ai prise, et je l'ai gagnée.

VOLTAIRE *au roi de Prusse.*

Il n'y a rien de nouveau parmi nos sybarites de Paris. Voici le seul trait digne, je crois, d'être conté à Votre Majesté. Le cardinal de Fleury, après avoir été assez malade, s'avisa, il y a deux jours, ne sachant que faire, de dire la messe à un petit autel au milieu d'un jardin où il gelait. M. Amelot et M. de Breteuil arrivèrent, et lui dirent qu'il jouait à se faire tuer. *Bon, bon, Messieurs !* dit-il, *vous êtes des douillets.* A quatre-vingt-dix ans ! quel homme ! Sire ; vivez autant, dussiez-vous dire la messe à cet âge, et moi vous la servir !

# LETTRES FAMILIÈRES ET BADINES

## INSTRUCTION

C'est dans ces sortes de lettres que Voltaire permet d'étaler tout l'esprit qu'on veut ou qu'on peut avoir.

Mais il ne s'agit ici que de l'esprit qui est avoué par le goût; et beaucoup de beaux-esprits même manquent de cet esprit-là, c'est-à-dire de ce tact, de cet art de saisir l'à-propos, sans lequel la plus jolie chose cesse de paraître ingénieuse, parce qu'elle est déplacée.

On se tromperait si l'on pensait qu'une lettre familière admet tout indifféremment, et peut même descendre à ces locutions aussi basses qu'incorrectes, que nous décorons du beau nom de style familier.

Le style simple, franc, facile, gai même, domine dans les lettres familières, mais il ne devient jamais trivial; jamais il ne prend l'acception que nous donnons souvent à l'épithète *familier, familière :* on y voit, au contraire, que l'écrivain se souvient également de ce qu'il doit à sa langue, aux convenances, à lui-même.

On connaît le mot de M. d'Alembert à l'occasion d'un homme de haut parage qui paraissait le rechercher : *Il veut se familiariser avec moi ; mais je le repousse avec respect.*

Ainsi donc le style d'une lettre familière ne doit jamais aller jusqu'à l'abandon absolu. Madame de Maintenon fait observer qu'on est souvent trompé à des liaisons de trente ans; et malheureusement cette remarque est vraie.

Par conséquent, dans la lettre écrite avec la plus

grande liberté, ne laissez rien échapper que vous ne puissiez avouer en tout temps. La raison ne doit jamais dormir tout-à-fait dans les plus doux épanchements de la familiarité.

Jusque dans une lettre badine, le jugement doit surveiller l'esprit, empêcher que les épigrammes ne dégénèrent en sarcasmes, les malices en méchancetés, la liberté en licence ; il ne doit pas souffrir qu'un bon mot soit une trivialité, qu'une saillie devienne une impertinence, et que la gaîté se rapproche plus des tréteaux ou de l'antichambre que d'un cercle ou d'un boudoir.

## MODÈLES

*Lettre de madame* DE LA FAYETTE *à madame de Sévigné.*

Voici ce que j'ai fait depuis que je ne vous ai écrit : J'ai eu deux accès de fièvre ; il y a six mois que je n'ai été purgée : on me purge une fois, on me purge deux ; le lendemain de la deuxième, je me mets à table. Ah ! ah ! j'ai mal au cœur ! je ne veux point de potage. Mangez donc un peu de viande : non, je n'en veux point. Mais vous mangerez du fruit : je crois que oui. Hé bien, mangez-en donc : je ne saurais, je mangerai tantôt ; que l'on m'ait ce soir un potage et un poulet. Voici le soir, voilà un potage et un poulet ; je n'en veux point, je suis dégoûtée ; je m'en vais me coucher, j'aime mieux dormir que de manger. Je me couche, je me tourne, je me retourne ; je n'ai point de mal, mais je n'ai point de sommeil aussi. J'appelle, je prends un livre, je le referme. Le jour vient, je me lève, je vais à la fenêtre : quatre heures sonnent, cinq heures, six heures. Je me recouche, je m'endors jusqu'à sept : je me lève à huit : je me mets à table à douze, inutilement comme la veille : je me remets dans mon lit le soir inutilement, comme l'autre nuit. Êtes-vous faible !

nenni. Je suis dans cet état trois jours et trois nuits : je redors présentement; mais je ne mange encore que par machine, comme les chevaux, en me frottant la bouche de vinaigre : du reste je me porte bien, et je n'ai pas même si mal à la tête.

*Lettre de* PAUL-LOUIS COURIER *à sa cousine.*

Vos lettres sont rares, chère cousine; vous faites bien, je m'y accoutumerais et je ne pourrais plus m'en passer. Tout de bon, je suis en colère : vos douceurs ne m'apaisent point. Comment, cousine, depuis trois ans voilà deux fois que vous m'écrivez, en vérité, mamzelle Sophie... Mais quoi, si je vous querelle, vous ne m'écrirez plus du tout. Je vous pardonne donc, crainte de pis.

Oui, sûrement, je vous conterai mes aventures, bonnes et mauvaises, tristes et gaies; car il m'en arrive des unes et des autres. *Laissez-nous faire, cousine, on vous en donnera de toutes les façons.* C'est un vers de La Fontaine; demandez à Voisard. Mon Dieu! m'allez-vous dire, on a lu La Fontaine; on sait ce que c'est que *le Curé et le Mort.* Eh bien, pardon. Je disais donc que mes aventures sont diverses, mais toutes curieuses, intéressantes; il y a plaisir à les entendre et plus encore, je m'imagine, à vous les conter. C'est une expérience que nous ferons au coin du feu, quelque jour. J'en ai pour tout un hiver. J'ai de quoi vous amuser, et par conséquent vous plaire, sans vanité, tout ce temps-là; de quoi vous attendrir, vous faire rire, vous faire peur, vous faire dormir. Mais pour vous écrire tout, oh! vraiment vous plaisantez : madame Radcliffe n'y suffirait pas. Cependant, je sais que vous n'aimez pas à être refusée, et, comme je suis complaisant, quoi qu'on en dise, voici, en attendant, un petit échantillon de mon histoire; mais c'est du noir, prenez-y garde. Ne lisez pas cela en vous couchant, vous en rêveriez, et pour rien au monde je ne voudrais vous avoir donné le cauchemar.

Un jour, je voyageais en Calabre. C'est un pays de méchantes gens, qui, je crois, n'aiment personne et en veulent surtout aux Français. De vous dire pourquoi, cela serait long; suffit qu'ils nous haïssent à mort et qu'on passe fort mal son temps lorsqu'on tombe entre leurs mains.

J'avais pour compagnon un homme d'une figure... ma foi comme ce monsieur que nous vîmes au Rincy; vous en souvenez-vous! et mieux encore, peut-être. Je ne dis pas cela pour vous intéresser, mais parce que c'est la vérité. Dans ces montagnes, les chemins sont des précipices, nos chevaux marchaient avec beaucoup de peine; mon camarade allait devant : un sentier qui lui parut plus praticable et plus court nous égara. Ce fut une faute; devais-je me fier à une tête de vingt ans? Nous cherchâmes, tant qu'il fit jour, notre chemin à travers ces bois; mais plus nous cherchions, plus nous nous perdions, et il était nuit noire quand nous arrivâmes près d'une maison fort noire.

Nous y entrons, non sans soupçon; mais comment faire! Là nous trouvons toute une famille de charbonniers à table, où, du premier mot, on nous invita. Mon jeune homme ne se fit pas prier : nous voilà mangeant et buvant, lui du moins; car, pour moi, j'examinais le lieu et la mine de nos hôtes. Nos hôtes avaient bien mine de charbonniers, mais la maison vous l'eussiez prise pour un arsenal. Ce n'étaient que fusils, pistolets, sabres, couteaux, coutelas. Tout me déplut, et je vis que je déplaisais aussi. Mon camarade, au contraire, il était de la famille, il riait, il causait avec eux; et, par une imprudence que j'aurais dû prévoir (mais quoi! s'il était écrit...), il dit d'abord d'où nous venions, où nous allions, qui nous étions. Français, imaginez un peu! chez nos plus mortels ennemis, seuls, égarés, si loin de tout secours humain! et puis, pour ne rien omettre de ce qui pouvait nous perdre, il fit le riche, promit à ces gens, pour la dépense et pour nos guides le lendemain, ce qu'ils voulurent. Enfin, il parla de sa valise, priant fort qu'on en eût grand soin, qu'on la mît au chevet de son lit; il ne voulait point, disait-il, d'autre traversin.

Oh! jeunesse! jeunesse! que votre âge est à plaindre! Cousine, on crut que nous portions les diamants de la couronne. Ce qu'il y avait, qui lui causait tant de souci dans cette valise, c'étaient les lettres de sa maîtresse.

Le souper fini, on nous laisse; nos hôtes couchaient en bas, nous dans la chambre haute où nous avions mangé. Une soupente, élevée de sept à huit pieds, où l'on montait par une échelle, c'était là le coucher qui nous attendait, espèce de nid dans lequel on s'introduisait en rampant sous des solives chargées de provisions pour toute l'année. Mon camarade y grimpa seul, et se coucha tout endormi, la tête sur la précieuse valise. Moi, déterminé à veiller, je fis bon feu et m'assis auprès. La nuit s'était déjà presque passée entière assez tranquillement, et je commençais à me rassurer quand, sur l'heure où il me semblait que le jour ne pouvait pas être loin, j'entendis au-dessus de moi notre hôte et sa femme parler et se disputer; et prêtant l'oreille par la cheminée qui communiquait avec celle d'en bas, je distinguai parfaitement ces propres mots du mari : *Eh bien! enfin, voyons, faut-il les tuer tous deux*, à quoi la femme répondit : *Oui*, et je n'entendis plus rien.

Que dirai-je? je restai, respirant à peine, tout mon corps froid comme un marbre; à me voir, vous n'eussiez su si j'étais mort ou vivant. Dieu! quand j'y pense encore!... nous deux, presque sans armes, contre eux, douze ou quinze, qui en avaient tant! et mon camarade mort de sommeil et de fatigue! L'appeler, faire du bruit, je n'osais; m'échapper tout seul, je ne pouvais; la fenêtre n'était guère haute, mais en bas deux grands dogues hurlant comme des loups... En quelle peine je me trouvais, imaginez-le si vous pouvez. Au bout d'un quart d'heure, qui fut long, j'entends sur l'escalier quelqu'un, et, par les fentes de la porte, je vis le père, sa lampe dans une main, dans l'autre un de ses grands couteaux. Il montait, sa femme auprès de lui, moi derrière la porte : il ouvrit, mais avant d'entrer il posa sa lampe, que sa femme vint prendre; puis il entra pieds nus, et elle du dehors lui disait à voix basse, masquant avec ses doigts le trop de lumière de la lampe : *Doucement, va doucement.* Quand il fut à l'échelle, il monta, son couteau dans les dents, et venu à la hauteur du lit, ce pauvre jeune homme étendu, offrant sa gorge découverte, d'une main il prend son couteau et de l'autre... oh! cousine... il saisit un jambon qui pendait au plancher, en coupe une tranche et se retire comme il était venu. La porte se referme, la lampe s'en va et je reste seul avec mes réflexions.

Dès que le jour parut, toute la famille, à grand bruit, vint nous éveiller, comme nous l'avions recommandé. On apporte à manger, on sert un déjeuner fort propre, fort bon, je vous assure. Deux chapons en faisaient partie, dont il fallait, dit notre hôte, emporter l'un et manger l'autre. En les voyant, je compris enfin le sens de ces terribles mots : *Faut-il les tuer tous deux?* Et je vous crois, cousine, assez de pénétration pour deviner à présent ce que cela signifiait.

Cousine, obligez-moi, ne contez point cette histoire; d'abord, comme vous voyez, je n'y joue pas un beau rôle, et puis vous me la gâteriez. Tenez, je ne vous flatte point, c'est votre figure qui nuirait à l'effet de ce récit. Moi, sans me vanter, j'ai la mine qu'il faut pour les contes à faire peur. Mais vous, voulez-vous conter! prenez des sujets qui aillent à votre air, Psyché, par exemple.

# LETTRES SÉRIEUSES ET MORALES

## INSTRUCTION

Tout n'est pas roses dans un jardin, tout n'est pas plaisir dans la vie : là, près de la fleur est l'épine; ici, la tristesse est à côté de la joie. On éprouve des tracasseries; on connaît le chagrin; on a des moments d'humeur; on est tourmenté par cet ennui que Buffon nomme *le triste tyran des âmes qui pensent, contre lequel la sagesse peut bien moins que la folie.*

La retraite même, la solitude d'une campagne, et le silence des champs, nous ramènent à la réflexion et nous jettent dans la rêverie.

C'est alors qu'il est doux d'écrire à ses amis, à ses connaissances, à ses liaisons. L'âme s'épanche et se soulage; le cœur, resserré par la peine, se dilate en se communiquant. Un sentiment, quelque pénible qu'il soit, cesse presque de l'être quand on le fait partager.

Mais ces sortes de lettres, où dominent tantôt la raison et tantôt la mélancolie, ne sont pas faites pour les indifférents.

L'esprit ne doit pas s'y montrer à découvert : quand on est profondément affecté, on ne songe pas à faire des phrases; encore moins cherche-t-on à plaisanter. Voltaire dit si bien : « La plaisanterie n'est jamais bonne « dans le genre sérieux, parce qu'elle ne porte jamais « que sur un côté des objets, qui n'est pas celui que « l'on considère. Elle roule presque toujours sur des « rapports faux, sur des équivoques : de là vient que « les plaisants de profession ont presque tous l'esprit « faux autant que superficiel. »

J'ajoute qu'ils ne savent pas lire dans les âmes; et c'est pourtant là qu'il faut se transporter pour bien saisir la pensée, le sentiment, le texte, en un mot, dont une lettre sérieuse et morale n'est que le commentaire.

Le plaisant de profession est toujours égoïste; toujours il est prêt à sacrifier ses amis, s'il en a, au plaisir de dire un bon mot. La raison est pour lui une étrangère dont il ignore le langage.

Gardez-vous cependant de la faire trop longtemps parler, même à ceux qui sont faits pour l'entendre : une lettre ne se lit pas, et manque son effet, quand elle devient sermon.

C'est là surtout que le style doit, sans affectation, se

revêtir de ces couleurs du sentiment et de la nature, qui seules peuvent embellir et faire aimer la morale. Anaxagore l'enseignait; mais l'austérité de ses leçons lui enlevait chaque jour quelqu'un de ses disciples. Il s'en plaignit; on lui cria : Sacrifiez aux Grâces. Minerve aussi veut les avoir pour compagnes.

## MODÈLES

*Lettre de madame* DE SÉVIGNÉ *au comte de Bussy.*

J'apprends, mon cher cousin, que ma nièce ne se porte pas trop bien ; c'est qu'on ne peut pas être heureux en ce monde; ce sont les compensations de la Providence, afin que tout soit égal, ou qu'au moins les plus heureux puissent comprendre, par un peu de chagrin et de douleur, ce que souffrent les autres qui en sont accablés. Le P. Bourdaloue nous fit l'autre jour un sermon contre la prudence humaine, qui fit bien voir combien elle est soumise à l'ordre de la Providence, et qu'il n'y a que celle du salut, que Dieu nous donne lui-même, qui soit estimable. Cela console et fait qu'on se soumet plus doucement à sa mauvaise fortune. La vie est courte; c'est bientôt fait ; le fleuve qui nous entraîne est si rapide, qu'à peine pouvons-nous y paraître. Voilà des moralités de la semaine sainte.

*Lettre de madame* DE SÉVIGNÉ *à madame de Grignan.*

Il me semble, ma chère enfant, que j'ai été traînée malgré moi à ce point fatal où il faut souffrir la vieillesse : je la vois, m'y voilà, et je voudrais bien au moins ne pas aller plus loin, et ne point avancer dans ce chemin des infirmités, des douleurs, des pertes de mémoire, des défigurements qui sont près de m'outrager. Mais j'entends une voix qui dit : Il faut marcher malgré vous, ou bien, si vous ne voulez pas, il faut mourir, qui est une autre extrémité à quoi la nature répugne. Voilà pourtant le sort de tout ce qui avance un peu trop; mais un retour à la volonté de Dieu et à cette loi universelle qui nous est imposée, remet la raison à sa place et fait prendre patience. Prenez-la donc, ma très chère, et que votre amitié trop tendre ne vous fasse point jeter des larmes que votre raison doit condamner.

*Lettre de madame* DE SÉVIGNÉ *à M. de Coulanges.*

Je suis tellement éperdue de la nouvelle de la mort très-subite de M. de Louvois, que je ne sais par où commencer pour vous en parler. Le voilà donc mort, ce grand ministre, cet homme si considérable, qui tenait une si grande place, dont le MOI, comme dit Nicole, était si étendu, qui était le centre de tant de choses! Que d'affaires, que de desseins, que de projets, que de secrets, que d'intérêts à démêler! que de guerres commencées! que d'intrigues, que de beaux coups d'échecs à faire et à conduire! Mon Dieu! donnez-moi un peu de temps; je voudrais bien donner un échec au duc de Savoie, un mat au prince d'Orange. Non, non, vous n'aurez pas un seul moment. Faut-il raisonner sur cette étrange aventure! Non, en vérité; il y faut réfléchir dans son cabinet. Voilà le second ministre que vous voyez mourir depuis que vous êtes à Rome : rien n'est plus différent que leur mort; mais rien n'est plus égal que leur fortune, et les cent millions de chaînes qui les attachaient tous deux à la terre. Quant aux grands objets qui doivent porter à Dieu, vous vous trouvez embarrassé dans votre religion sur ce qui se passe à Rome et au Conclave. Mon pauvre cousin, vous vous méprenez; j'ai ouï dire qu'un homme d'un très-bon esprit tira une conséquence toute contraire au sujet de ce qu'il voyait dans cette grande ville; il en conclut qu'il fallait que la religion chrétienne fût toute sainte et toute miraculeuse de subsister ainsi par elle-même au milieu de tant de désordres et de tant de profanations. Faites donc comme lui, et tirez les mêmes conséquences.

—◦◦◦—

## LETTRES DANS LE GENRE NARRATIF

### INSTRUCTION

On connaît plusieurs sortes de narrations : l'une tient à l'histoire, l'autre à l'éloquence, la troisième au genre tempéré, la quatrième au style familier.

La narration historique veut être écrite sous l'œil sévère et perçant de la vérité : elle exige l'exactitude la plus scrupuleuse dans les faits, permet de peindre les personnages quand leur portrait fait tableau et se lie avec les événements, ne dédaigne pas les développements qui peuvent donner quelque lumière, souffre même que l'on s'égare à rechercher les causes, si elles servent à faire mieux ressortir les effets.

L'orateur qui raconte peint à grands traits ; il néglige les petites circonstances lorsqu'elles ne mènent ni à la persuasion ni à la conviction ; il parle plus à l'imagination et au cœur qu'à la raison et à l'esprit ; son style ne doit avoir rien de trivial ou même d e médiocre. Le seul écueil qu'il ait à redouter est de trouver l'emphase en cherchant le sublime.

Ce que je dis des narrations oratoires ne doit s'appliquer qu'à l'éloquence de la chaire et de la tribune, c'est-à-dire à l'éloquence d'appare il.

Celle du barreau n'a pas de si hautes prétentions : sa marche est plus mesurée ; il lui faut des détails. Elle n'est pas même condamnable en paraissant minutieuse : des riens sont souvent des moyens pour elle ; et son style, dont le premier mérite est la clarté, et le second la précision, n'est répréhensible que lorsqu'il devient ambitieux ou rampant. Rien de trop ni de trop peu, en fait de mots ou de choses, c'est la devise des narrations de l'ordre judiciaire.

Celles qu'embellit le style familier doivent être faciles et gaies : tels sont le conte, la fable, l'anecdote de société. Ainsi, dans le genre épistolaire, il faut considérer le côté agréable ou plaisant d'une narration, à moins que l'événement qui en est l'objet ne commande impérieusement des teintes sévères et sombres. Vous ne prendrez pas, par exemple, le crayon de la gaîté pour tracer un événement funeste, le sac d'une ville, les ravages d'un torrent, les désastres d'un orage ou d'un incendie.

Mais, hors de là, une lettre, qui conte encore plus qu'elle ne raconte, doit tendre principalement à piquer la curiosité, à soutenir l'attention, à faire sourire son lecteur, à lui peindre ce qu'il lit, surtout à ne pas trop retarder la fin du récit, qui en est communément la partie la plus intéressante. Des expressions heureuses plutôt qu'ingénieuses ; de l'esprit sous le voile de la simplicité ; des tours fins, mais naturels ; des négligences, mais sans incorrections...

Je m'arrête : mes préceptes en diraient toujours moins que les modèles qu'offrent ici nos bons écrivains :

Leçon commence, exemple achève.

La Motte.

## MODÈLES

### *Lettre de madame* DE SÉVIGNÉ *à M. de Pomponne.*

Il faut que je vous conte une petite historiette qui est très-vraie, et qui vous divertira. Le Roi se mêle depuis peu de faire des vers; il fit l'autre jour un petit madrigal que lui-même ne trouva pas joli. Un matin, il dit au maréchal de Grammont : Monsieur le maréchal, lisez, je vous prie, ce petit madrigal, et voyez si vous en avez jamais vu un si impertinent : parce qu'on sait que depuis peu j'aime les vers, on m'en apporte de toutes les façons. Le maréchal, après l'avoir lu, dit au Roi : Sire, Votre Majesté juge divinement bien de toutes choses; il est vrai que voilà le plus sot et le plus ridicule madrigal que j'aie jamais lu. Le Roi se mit à rire, et lui dit : N'est-il pas vrai que celui qui l'a fait est bien fat! — Sire, il n'y a pas moyen de lui donner un autre nom. — Oh bien! dit le Roi, je suis ravi que vous m'en ayez parlé si bonnement; c'est moi qui l'ai fait. — Ah! Sire, quelle trahison! que Votre Majesté me le rende; je l'ai lu brusquement. — Non, monsieur le maréchal, les premiers sentiments sont toujours les plus naturels. Le roi a beaucoup ri de cette folie, et tout le monde trouve que voilà la plus cruelle petite chose qu'on puisse faire à un vieux courtisan.

### *Lettre de madame* DE SÉVIGNÉ *à madame de Grignan, sa fille.*

L'archevêque de Reims revenait hier fort vite de Saint-Germain; c'était comme un tourbillon. S'il se croit grand seigneur, ses gens le croient encore plus que lui : ils passaient au travers de Nanterre, tra, tra, tra : ils rencontrent un homme à cheval : Gare! gare! Ce pauvre homme se veut ranger; son cheval ne le veut pas; et enfin le carrosse et les chevaux renversent cul par-dessus tête le pauvre homme et le cheval, et passent par-dessus, et si bien par-dessus, que le carrosse en fut versé et renversé. En même temps l'homme et le cheval, au lieu de s'amuser à être roués, se relèvent miraculeusement, remontent l'un sur l'autre, et s'enfuient; ils courent encore, pendant que les laquais et le cocher de l'archevêque, et l'archevêque même, se mettent à crier : Arrête, arrête ce coquin! qu'on lui donne cent coups! L'archevêque, en racontant ceci, disait : Si j'avais tenu ce maraud-là, je lui aurais rompu les bras et coupé les oreilles.

### *Lettre de* CARACCIOLI.

Je suis étonné que vous n'ayez pas encore lu la *Chasse de Henri IV*, c'est un plaisir qu'il faut vous procurer, et qui vous arrachera des larmes de tendresse et de joie.

A propos de chasse, savez-vous que ce prince en fit une dans le Vermandois, où s'étant écarté de ses gardes et des seigneurs de sa cour, il rencontra un paysan assis au pied d'un arbre. Le fait est trop intéressant pour ne le pas rendre tel qu'il est : « Que fais-tu là ! lui dit Henri. — *Ma fine, Monsiu,* répondit le paysan, *j'ylions là pour var passer le Rey.* — Si tu veux monter sur la croupe de mon cheval, réplique le roi, je te conduirai là où il sera, et tu le verras tout à ton aise. » Le paysan, enchanté, profite de la rencontre, et demande, chemin faisant, comment il pourra reconnaître *le Rey*. « Oh ! la chose sera facile, répondit Henri IV, tu n'auras qu'à regarder celui qui aura son chapeau pendant que tous les autres auront la tête nue. »

Enfin, le moment arrive où le monarque retrouve une partie de sa cour et se voit environné de seigneurs qui tous le saluent. Alors il demande au paysan : « Hé bien! quel est le roi ! — *Ma fine, Monsiu,* lui répondit-il, *il faut que ce soit vous ou mey, car il n'y a que nous deu qui avons notre chapiau sur la tête.* »

4.

# EXERCICES

SUR

# LE STYLE ÉPISTOLAIRE

## I.

### LETTRE D'UNE AMIE A UNE AMIE.

*(Sur la mort d'une jeune fille.)*

**ARGUMENT.** — Une jeune fille apprend à une amie la mort prématurée d'une jeune fille également chère à toutes deux. Éloge des qualités de son cœur et de son esprit. Sa résignation pendant la maladie à laquelle elle vient de succomber. Ses études étaient terminées, et sa famille s'était réjouie de sa bienvenue. Douleur inconsolable de la mère, à laquelle tout rappelle l'enfant qu'elle a perdue. Louise est morte dans la prière et sous l'œil du prêtre, qui admirait sa ferveur et sa sérénité. — Heureux ceux qui ont gardé jusqu'à leur dernier moment les vertus de la religion ! — *Style élevé.*

### DÉVELOPPEMENT.

CHÈRE AMIE,

Je t'écris avec la plus profonde tristesse. La fille de madame B***, notre amie à toutes deux, vient de mourir. Je n'ai jamais rien vu de plus aimable et de plus charmant que cette enfant, rien qui fût plus digne, je ne dis pas seulement d'une plus longue vie, mais presque de l'immortalité. Elle n'avait pas encore atteint sa dix-septième année, et déjà elle avait la prudence d'une femme âgée, la gravité d'une dame, et en même temps la pudeur de la vierge et l'enjoûment de la jeune fille. Comme elle se tenait attachée au cou de son père, comme elle nous embrassait, nous, les amis de sa famille, avec affection et avec modestie! Quels soins et quelle ardeur elle apportait à ses études! Avec quelle constance, avec quelle piété elle a souffert la maladie qui l'emporta! Elle obéissait aux médecins; elle consolait sa mère et ses sœurs; et, quand les forces du corps l'abandonnaient, sa résignation et son énergie la soutenaient encore. Elle venait d'achever ses années d'étude, et on était heureux de la retrouver dans sa famille, gracieuse sans coquetterie, instruite sans orgueil, sage sans tristesse, aimant ses devoirs et aimant Dieu! Quelle joie, et, quelques jours après, quelle douleur! On avait fêté son retour, on s'était réjoui de sa bienvenue. On se faisait un plaisir de la rendre heureuse et de contenter tous ses goûts, et voilà que la mort l'enlève quand elle semblait devoir compter encore de longues années, lorsqu'elle entrait à peine dans la vie, dans tout l'éclat de sa jeunesse et la naïveté de ses sentiments. Nous lui avons rendu hier les derniers devoirs; nous avons donné à sa mère nos tristes consolations; mais elle nous demandait sa fille et ne pouvait pas encore nous écouter... Le temps seul adoucira la blessure de l'âme et rendra la douleur plus résignée. Tout lui rappelle sa fille, dans cette maison dont elle était la fête et l'espérance. Il y a une place vide à cette table, qu'elle égayait de sa bonne humeur et où son père se reposait en la voyant. Cette chambre, qu'on avait ornée avec tant de soin, ce fauteuil, où elle travaillait souvent, ce crucifix et ces tableaux, qui lui inspiraient de saintes pensées, à qui sont-ils maintenant, et qui pourrait s'arrêter devant eux sans gémir et sans pleurer! Le bon curé de *** est venu voir madame B***. Il lui a dit que Louise était morte en chrétienne, et qu'il n'y avait pas sujet de craindre pour son âme. Ah! nous avons besoin de ces douces paroles qui élèvent nos âmes vers le ciel, quand le souvenir encore récent d'un grand malheur vient mettre les larmes dans nos yeux. Il faut l'autorité du prêtre et le caractère auguste de l'espérance qu'il nous apporte, pour ranimer notre courage et nous faire survivre à nos parents que nous perdons. Dieu a donné à Louise la force de recevoir les secours du sacrement. Elle est morte dans la prière, sous l'œil du prêtre, qui admirait son ardente ferveur et sa confiante sérénité. Elle ne semblait pas regretter la vie pour elle-même; mais elle songeait à ses sœurs, qui pleureraient longtemps son départ; elle partageait la douleur de sa mère, dont elle allait être séparée. Sa pensée se reportait sur cette éducation qui avait coûté tant de fatigues, de dévoûment et de sacrifices, et dont sa famille ne recueillerait aucun fruit.

Que de projets on formait déjà, que d'illusions on caressait, que de bonheur on s'était promis! Nous disposons de la vie comme si elle nous appartenait, et chaque jour Dieu nous rappelle, par de sévères leçons, que notre existence est en sa main, et que l'on meurt à vingt ans. Heureux encore ceux qu'une fin prématurée n'a pas surpris loin du chemin de la piété, loin de la foi du premier âge, et qui ont conservé, jusqu'à leurs derniers moments, des vertus que le monde n'a point ternies.

Ton amie.

## II.

### LETTRE D'UNE AMIE A UNE AMIE.

*(Tableau reçu à l'exposition.)*

**ARGUMENT.** — Adèle apprend à Mathilde que son tableau vient d'être reçu par le Comité des beaux-arts, et qu'il figure dans les salons de l'exposition. — Joie que lui cause un si heureux début dans une carrière si difficile. — Ses espérances pour l'avenir. — Une volonté ferme, un travail assidu surmontent tous les obstacles. — Analyse succincte du sujet traité par la jeune peintre. — Eloge de la composition de son maître. — Mathilde la dispensera d'une plus longue description en venant elle-même admirer ce chef-d'œuvre et embrasser son amie.

## DÉVELOPPEMENT.

CHÈRE MATHILDE,

Je suis au comble de la joie, et je sais trop combien est sincère l'intérêt que t'inspirent mes moindres succès pour négliger de t'apprendre la plus heureuse des nouvelles, celle qui fait aujourd'hui tout mon bonheur. Mon tableau vient d'être reçu par le Comité des beaux-arts, qui lui a assigné une place dans les salles de l'exposition.

Tu peux maintenant juger si j'ai lieu de m'applaudir de mon début dans la carrière, et si j'y puise des encouragements et des espérances pour l'avenir. Ah ! chère Mathilde, je dois te le dire, malgré mon travail consciencieux et les soins donnés à cette première œuvre sérieuse, jamais je n'eusse osé m'attendre à un sort si digne d'envie.

En vérité, il me semble parfois sortir d'un rêve, et je me crois presque le jouet d'une illusion ; pourtant, je ne m'abuse point, c'est bien mon nom que je lis sur ce catalogue, c'est bien ma toile que je vois exposée dans un excellent jour, et je me surprends presque à admirer, tant on est disposé à se trouver quelque mérite !

Un coup d'œil jeté autour de moi suffit, il est vrai, pour me convaincre de témérité. Mais, par la comparaison de mes modestes essais avec ces puissantes créations où se révèlent à la fois la grandeur du génie et le savant emploi des ressources de l'art, je sens s'augmenter mon enthousiasme sans reculer devant la tâche difficile que je me suis proposée.

La lecture de quelques vers dont je me suis inspirée m'a fourni le sujet de ma composition. Le voici en peu de mots : Deux enfants, presque nus et pâles de souffrance, sont assis au pied d'une chapelle, et cherchent à émouvoir, par de tristes récits, la sourde indifférence des passants. Une lampe brûle à leurs pieds et semble supplier pour eux ; le plus jeune, tremblant, chante, baigné de pleurs, et l'autre tend la main aux heureux qui passent devant lui. Les pauvres enfants, ils n'ont plus de mère! Ils sont là, expirants de froid et de faim, mais leur voix plaintive frappe en vain les airs, et la foule passe sans les voir, Ils n'ont plus qu'à mourir!

Assurément il y a là un tableau qui doit émouvoir; dessiner cette scène, lui donner la vie et l'offrir aux regards, aussi touchante que l'a conçue le cœur du poète, c'est ce que j'ai tenté. Ai-je réussi?

Mais c'est assez parler de moi, et mon jugement du moins ne restera pas incertain sur l'œuvre de mon maître, puisque chacun avec moi ne se lasse point de l'admirer. Il y a dans sa *Mère du Christ aux pieds de son fils mourant sur la croix*, ce sentiment si pur, si profondément religieux, indispensable à ce genre de peinture, et qui en fait un écueil pour la plupart de nos artistes.

Ce visage sillonné de larmes est vraiment divin; c'est bien là en effet cette douleur poignante et résignée de la mère à laquelle il répugne de se séparer pour toujours de son fils tant aimé; mais qui croit, par amour maternel, à cette autre vie où elle retrouvera celui qu'elle a perdu.

Tout ce que j'essaierai de dire sur cette belle et grande composition ne t'en donnera qu'une idée bien pâle et bien imparfaite. Quelle traduction, en effet, si bien réussie qu'elle puisse être, approchera jamais du poème écrit par l'auteur dans sa propre langue?

C'en est assez pour te convaincre, et tu me dispenseras d'une description désormais sans objet, en venant toi-même admirer ce chef-d'œuvre et embrasser ton amie.

ADÈLE.

## III.

## LETTRE D'UNE JEUNE FILLE A SA GRAND'MÈRE.

*(Œufs de Pâques.)*

**ARGUMENT.** — Lettre d'une jeune fille à sa grand'mère à l'occasion de la fête de Pâques. — Elle vient de recevoir, pour la seconde fois, la sainte hostie ; elle compte de plus dans sa vie un jour de félicité parfaite. — Mais que dira-t-elle du joli présent que lui a fait sa grand'mère et de l'agréable surprise qu'il lui a causée ? — C'est un œuf de l'ivoire le mieux poli, et renfermant, dans sa coquille, un délicieux petit chapelet. — Elle est heureuse de cette coutume qui, dans sa simplicité toute primitive, peut avoir les plus heureuses applications. Témoin le fait suivant : Un bon prêtre, désireux de soulager la misère des pauvres de son village, imagina de faire donner un spectacle à leur bénéfice. Il demande, à cet effet, le concours d'un artiste distingué de la capitale. Ne sachant par quel moyen délicat faire accepter à ce dernier le prix de sa représentation, l'idée vint au généreux ecclésiastique de l'inviter à un repas, pendant lequel il lui offrit un œuf renfermant dix pièces d'or, fruit de ses économies. — Réponse spirituelle de l'artiste, qui remet cette somme à son hôte, disant que des œufs il mange le blanc seulement, réservant le jaune pour les pauvres.


### DÉVELOPPEMENT.


CHÈRE BONNE MAMAN,

Un an bientôt s'est écoulé depuis le jour où, l'âme pleine d'une douce émotion, je recevais pour la première fois la sainte hostie. Précieux souvenir, qui jamais ne s'effacera de mon cœur ! Je te vois encore là, près de l'autel, agenouillée sur ton prie-Dieu, et appelant les bénédictions célestes sur la tête de ta petite fille, dont tu partageais le bonheur.

Plus âgée de quelques mois, rien n'est changé pour elle ; ses sentiments religieux, sa ferveur sont les mêmes, et si tu l'avais pu voir hier s'approcher de la table sainte, tous ses vœux eussent été exaucés.

Le jour de Pâques, c'est celui de la résurrection du Christ, c'est celui où, quittant la forme mortelle, le Dieu fait homme est rentré glorieux dans le sein de son Père. Sa grande œuvre est consommée, son sang a lavé nos souillures, l'humanité rachetée du péché reçoit son pardon.

Est-il donc des cœurs assez ingrats pour demeurer étrangers à l'allégresse des fidèles, pour fuir le temple et ne point célébrer, dans un cantique universel, le triomphe du Dieu martyr!...

Ah! ne les accusons pas! Plaignons-les plutôt, car ils refusent eux-mêmes sa miséricorde, car ils ignorent la douceur d'un véritable repentir.

Pour moi, je n'ai point suivi leur exemple, et je compte de plus dans ma vie un jour sans nuages, un jour de félicité parfaite.

Que te dirai-je maintenant de ton joli présent et de l'agréable surprise qu'il m'a causée! Un ancien usage, cher aux enfants, fait qu'on leur donne, à cette époque, ce qu'on est convenu d'appeler des œufs de Pâques. Variés dans leur volume comme dans leur couleur, habilement disposés par les confiseurs dans des paniers pleins de mousse et de rubans, ils sont là bleus, rouges ou blancs derrière la vitre, sollicitant les désirs de l'enfant qui passe, non sans interroger sa mère sur le *bon goût* de l'étalage.

Pour moi, je n'ai pas même eu lieu d'user de l'innocente ruse; ta bonté pour moi ne prévient-elle pas mes plus faibles désirs! Je n'avais point formé le souhait que tu l'avais deviné, et je découvrais, sous la quadruple enveloppe, un œuf, non pas de sucre, mais de l'ivoire le mieux poli, et renfermant, dans sa coquille, un délicieux petit chapelet.

C'est qu'aujourd'hui, tu m'as jugée plus raisonnable et non plus une enfant avide de friandises. Je suis donc fort heureuse, pour ma part, d'une coutume qui t'a fait, une fois de plus, penser à moi, et qui, dans sa simplicité toute primitive, peut avoir les plus heureuses applications. Tu vas en juger par le trait suivant:

Un bon prêtre, désireux de venir en aide aux indigents de son village, imagina de faire donner un spectacle à leur bénéfice, et pour mieux en assurer le succès, il réclama le concours de l'un des plus habiles artistes de la capitale. Trop heureux lui-même de contribuer à cette bonne œuvre, son arrivée fut sa réponse. Comme on l'avait prévu, la recette fut doublée. Son tour était venu, pour le pieux ecclésiastique, d'exprimer sa gratitude à celui qui l'avait si bien secondé. Il l'invita donc à un repas donné en son honneur, et ne sachant par quel moyen délicat lui faire accepter le prix de sa représentation, il imagina de lui offrir un œuf de Pâques renfermant dix pièces d'or, fruit de ses économies. L'artiste l'accepta et l'ouvrit; puis, en remettant le contenu à son hôte : « Grand merci, lui dit-il, mais un obstacle se présente; des œufs je ne mange jamais que le blanc, le jaune est pour les pauvres. »

Moi aussi, bonne maman, je voudrais avoir trouvé une repartie aussi spirituelle et aussi généreuse; mais si je ne puis faire davantage, du moins, en égrenant mon chapelet, j'invoquerai pour toi la sainte Vierge, et sa bonté fera le reste.

Je t'embrasse donc comme je t'aime.


# IV.


## LETTRE D'UNE FILLE A SA MÈRE.

*(Sœurs de charité.)*


**ARGUMENT.** — Une jeune fille exprime à sa mère tout le regret que lui cause le départ de sa meilleure amie, qui vient de quitter le couvent après avoir prononcé ses vœux. Quelque douloureuse que soit pour elle cette séparation, elle sent qu'il est de son devoir de préférer le bonheur de son amie au sien propre ; elle trouvera donc des consolations dans ce sacrifice imposé à son cœur. Son admiration pour cet exemple de fervente piété et d'abnégation. Les récompenses célestes l'attendent dans une autre vie.


### DÉVELOPPEMENT.


MA BONNE MÈRE ,

Je suis à la fois bien triste et bien heureuse. Bien triste

parce que mon amie la plus chère a quitté le couvent, et que cette séparation, à laquelle j'aurais dû me préparer, puisque j'en étais avertie, ne me semble pas moins pénible et me frappe comme d'un coup inattendu; bien heureuse parce que mon affection pour elle est profonde et fortement sentie, et que son bonheur me doit être plus cher encore que le mien propre. Sous ce rapport mes vœux sont exaucés, et je puis le dire, rien ne me reste plus à désirer pour elle, puisque désormais elle est la fille bien-aimée du Seigneur auquel des vœux sacrés l'unissent étroitement et pour toujours.

Si nulle amitié n'est comparable aux amitiés de pension, s'il n'est pas de liaison qui laisse au fond du cœur de plus tendres et de plus riants souvenirs, j'ai bien certainement sujet de me lamenter, et mes regrets ne sont que trop justifiés. Mais c'est à moi de trouver des consolations dans ce sacrifice imposé à mon cœur, et de puiser ma résignation dans le courageux exemple que me donne une faible jeune fille, qui s'engage à souffrir avec joie l'aspect hideux de toutes les misères humaines, à panser les plaies des malades, à laver leur linge dans les eaux glacées de l'hiver, à vivre au milieu de la puanteur et de l'infection d'un hôpital, à sacrifier à des inconnus, qui souvent la maudiront, sa jeunesse, sa beauté, ses affections, tous les plaisirs du monde, toutes les joies de la famille, tout le bonheur de la vie.

Rien pourtant dans ce triste tableau n'a pu la détourner de sa généreuse résolution. C'est dans l'amour de Dieu, qui se fortifie par la souffrance, qu'elle a puisé cette énergie si rare, dont les élus sont seuls capables.

Bien loin de chercher à l'ébranler, notre devoir était au contraire de l'encourager, en vue des récompenses célestes qui l'attendent dans une autre vie; mais ces efforts de notre part devenaient superflus devant une vocation si fortement prononcée.

Il faut donc nous séparer, et, bien qu'il en coûte à mon cœur, j'en remercie la Providence, puisqu'il s'agit du bonheur éternel de celle que j'aime à l'égal d'une sœur.

Adieu, bonne mère, je t'embrasse.

# V.

## LETTRE D'UNE AMIE A UNE AMIE.

### (Description d'un dîner.)

**ARGUMENT.** — Une jeune fille donne à son amie quelques détails sur un grand repas auquel elle était priée avec sa famille. La réunion était nombreuse et généralement composée d'anciens amis ; une gaîté franche et cordiale avait remplacé ce qu'on est convenu d'appeler l'*étiquette*. — Développer cette idée. — Elle parlera de l'abondance et de la richesse des différents mets, en faisant remarquer toutefois que l'attrait du boire et du manger ne saurait être le seul offert aux convives. — Cet avis n'est pas celui de l'un des invités, dont l'idéal est de manger, et de manger beaucoup. — Tracer le portrait d'un gourmand pour lequel les plaisirs de la table l'emportent sur ceux de l'intelligence, etc. — *Style élégant.*

### DÉVELOPPEMENT.

CHÈRE AMIE,

Il faut, dit un vieil adage, manger pour vivre et non vivre pour manger. Ceci m'amène tout naturellement à te parler de certain grand repas auquel j'assistais ces jours derniers en compagnie de ma famille. La réunion était nombreuse, et généralement composée d'anciens amis, c'est-à-dire qu'on ne remarquait pas parmi nous cette raideur dans le maintien, cette froideur dans les rapports, ce sourire invariablement fixé sur les lèvres, ni cette prétention marquée au bel-esprit, qui le plus souvent constituent ce qu'on est convenu d'appeler l'étiquette.

Chez nous donc, point de masques hypocrites ; fidèles à des traditions moins élégantes peut-être, mais à coup sûr moins fastidieuses, tous les visages respiraient cet air de bonhomie, de gaîté franche et cordiale qui met l'âme à découvert et ne cache point d'arrière-pensée. La conversation, tour à tour sérieuse et enjouée, sans jamais s'écarter des convenances, tantôt engagée sur des points différents, tantôt devenant générale, se soutenait pleine de verve et d'entrain. L'habile com-

binaison des services, l'abondance et la recherche des mets,
faisaient aussi l'éloge de l'ordonnateur du repas ; mais si de
tels soins ne sont pas à négliger, l'attrait du boire et du manger ne saurait être le seul offert aux convives. C'est ton avis
du moins, c'est aussi le mien ; mais assurément ce n'est pas
celui de tout le monde, témoin l'un de nos invités, dont je
tairai le nom, qui plaçait au premier rang, et bien au-dessus
des plaisirs de l'intelligence, les recettes multipliées du *Cui-
sinier français.*

Manger et manger beaucoup, manger sans fin, voilà son
idéal. Qu'on vienne donc maintenant parler à un tel homme,
car c'est un homme, heureusement pour l'honneur de notre
sexe, qu'on vienne donc lui parler, dis-je, des tragédies du
grand Corneille ou du tendre Racine ; en perdrait-il un coup
de dent pour les entendre ? Devant lui, sur cette table, ne voyez-
vous pas ce pâté monstrueux dont son œil parcourt tous les
recoins, et cette volaille remplie de truffes qu'il voudrait engloutir tout entière ? Que parlez-vous de peinture, de musique ;
fi de tout cela ! La vie est courte, faisons d'abord bonne chère.
Avons-nous donc tant de temps à perdre en de pareilles fu-
tilités ? Penser coûte d'ailleurs trop de peines, et si, parfois,
cela nous arrive, qu'au moins cela profite à notre gourman-
dise ; cherchons de nouveaux raffinements capables de réveiller
notre appétit déjà trop satisfait.

Il fallait le voir cet homme, gros, court, crépu et carré, au
visage rebondi, aux lèvres épaisses, aux yeux petits et bril-
lants, il fallait le voir levant à peine la tête si une question lui
était faite, et se contentant, pour toute réponse, de découvrir,
dans un gros sourire, un râtelier de cannibale. Sans un reste
de pudeur, il eût, j'en réponds, dévoré le gigot jusqu'à l'i-
voire, le chapon jusqu'aux os, et la salade jusqu'au fond du
plat.

Je ne sais ce que pense ce monsieur de la métamorphose
des compagnons d'Ulysse et de l'épisode des Harpies dans
l'*Enéide.* Il est à craindre pourtant qu'il n'ait pas très-bien
saisi le sens de ces allégories. Toutefois, il reste persuadé
que la découverte d'un mets nouveau fait plus pour le bon-

heur du genre humain que la découverte d'une étoile, et peut-être bien aussi qu'il faut vivre pour manger et non manger pour vivre.

## VI.

### LETTRE D'UNE AMIE A UNE AMIE.

*(Un riche mendiant.)*

**ARGUMENT.** — Clarisse raconte à Emma un fait qui prouvé combien souvent on est la dupe de son bon cœur. Il s'agit d'un mendiant mis en état d'arrestation, et au domicile duquel des valeurs considérables ont été trouvées enfouies sous son grabat. Embarras du prévenu, dont la condamnation est prononcée. — Faire ici quelques réflexions sur l'indigne passion de l'avare, qui n'amasse que pour amasser. Ce n'est point pour fournir à ses besoins, il se refuse tout; ni pour enrichir sa famille après sa mort. — Clarisse termine sa lettre en engageant son amie à lui écrire fréquemment.

### DÉVELOPPEMENT.

MA CHÈRE EMMA,

Il t'est sans doute plus d'une fois arrivé de plaindre le mendiant qui, surpris sur la voie publique demandant l'aumóne, était sous tes yeux traîné en prison. Ton cœur s'est ému à la vue de sa misère. Ses haillons, ses cheveux blancs, son visage amaigri par de longues privations, te semblaient dignes de pitié, et tu regrettais alors de ne pouvoir adoucir pour lui la rigueur de la loi : Le pauvre homme, disais-tu, est-il donc si coupable parce qu'il a faim !

Eh bien ! écoute un fait récent encore ; certainement il dissipera tes scrupules.

Il y a peu de jours, un vieillard, dont l'extérieur misérable annonçait la détresse, venait de recevoir l'aumóne d'un passant lorsqu'on l'arrêta pour délit de mendicité. Il eut beau se lamenter, alléguer son grand âge et son entier dénûment, on fut inexorable. Sur l'ordre du juge, une visite est faite au domicile du prévenu. En pénétrant dans la pauvre mansarde, tout semble confirmer les déclarations qu'il a faites : l'infortuné n'a rien qu'un vieux grabat; le besoin seul l'a forcé à tendre la main. Cependant le grabat même est fouillé. La précaution n'était point inutile. Tout d'abord on découvrit un portefeuille rempli de valeurs, et, soigneusement dissimulées sous la paille, bon nombre de pièces de cuivre, d'argent et d'or.

Bien grand devint alors l'embarras du riche indigent sommé d'expliquer sa coupable conduite. Bref, la condamnation fut prononcée. C'est ainsi que, pour satisfaire son indigne passion, l'avare s'impose les privations les plus dures. Mal logé, mal couché, mal habillé, encore plus mal nourri, il essuie la rigueur des saisons, se prive de la société des hommes et passe ses jours dans la solitude.

Il n'amasse que pour amasser ; ce n'est point pour fournir à ses besoins, il se refuse tout; son argent lui est plus précieux que sa santé, que sa vie, que lui-même. Est-ce donc pour enrichir sa famille après sa mort qu'il se résigne à une si misérable existence ! Assurément non, car il n'est pas naturel d'aimer quelque autre chose plus que soi-même, outre qu'il est des avares qui n'ont point d'héritiers. L'amour des richesses, desquelles il n'attend d'autres jouissance que celle de les posséder, voilà le mobile de toutes ses actions; il ne reculera donc point devant les plus honteux moyens d'arriver à son but; il ne rougira point, s'il le faut, de demander une aumône qu'il vole aux véritables indigents.

Bien loin de diminuer chez lui ces sentiments d'égoïsme, les années ne font que les accroître, ils se ravivent à mesure qu'il avance en âge, et jamais son trésor ne lui est plus cher qu'au moment où la mort le lui arrache. Rassemblant alors tout ce qui lui reste de ses forces épuisées, il tourne une dernière fois son regard éteint vers ce métal qui fut à la fois son bonheur, son amour et son culte.

Ne soyons donc jamais avares, chère Emma, pas même de ces lettres que, entre amies, on est si heureuses d'échanger ; rendons-les plus fréquentes désormais; c'est le vœu de ton affectionnée CLARISSE.

# VII.

## LETTRE D'UNE AMIE A UNE AMIE.

*(Richesse, oisiveté, ennui.)*

**ARGUMENT.** — Une jeune fille répond à son amie qui, malgré son bonheur apparent, se plaint d'être la plus malheureuse des femmes. Elle est riche et peut satisfaire ses moindres désirs, pourtant l'ennui l'accable et la tue. Opposition entre la vie oisive de l'une et la vie active et laborieuse de celle qui lui écrit; nécessité du travail. — Anecdote plaisante. — Conclusion : La richesse ne fait pas seule le bonheur. — *Style élégant, mais simple.*

### DÉVELOPPEMENT.

Eh ! quoi, chère amie, tu es triste ! Le dégoût suit de si près l'accomplissement de tes désirs qu'à peine on te laisse le temps d'exprimer ! Les lettres et les arts n'ont donc plus d'attrait pour toi ! La promenade te fatigue, les fêtes te sont à charge, tes jours s'écoulent monotones ; au milieu de l'abondance tu manques de tout, et ton imagination, sans cesse à la poursuite d'un fantôme insaisissable, te fait la plus malheureuse des femmes !

A te voir environnée de ce qui, aux yeux du monde, constitue un sort digne d'envie, on serait tenté tout d'abord de juger tes plaintes chimériques ; pardonne à ma franchise, et pourtant tu souffres, je ne puis en douter, ton mal est réel, et ce mal c'est l'ennui.

Pour moi, au contraire, que le ciel a placée dans une condition tout autre, qui, née d'une famille aussi pauvre que la tienne est opulente, ai reçu par faveur le peu d'instruction que je possède, la vie est tout autre, en vérité. Contente je m'endors, contente je me réveille, et les heures passent rapides, sans que jamais j'aie connu cette vague inquiétude qui te mine sourdement. Cela est étrange, n'est-ce pas ! Car si l'une de nous deux devait se plaindre de la destinée, assurément ce serait moi.

Il n'en est rien pourtant, et la raison, la voici : oisive le plus souvent, et lasse de plaisirs toujours les mêmes, en vain tu cherches à secouer la torpeur qui t'accable; moi, au travail dès l'aurore, j'attends la nuit pour songer au repos, et c'est à grand'peine que je trouve pour t'écrire quelques instants bien doux; oui, chère amie, c'est là qu'est tout le secret : mon aiguille seule me fait vivre.

Si tu m'en crois, ouvre pour un moment ces livres que tu délaisses, et, sans le secours d'une lectrice, parcours-les toi-même; reprends tes pinceaux, et n'attends pas, lorsqu'une difficulté t'arrête, qu'un plus habile en triomphe à ta place; la musique te plaît, étudie pour la bien comprendre; puis, oubliant parfois qu'une voiture et d'élégants chevaux sont en ton pouvoir, ne crains pas une fatigue salutaire pour tes pieds délicats.

Tu me demandais un conseil, je te l'ai donné; j'y veux même ajouter une histoire que voici :

Un crésus se mourait d'ennui, tous les remèdes échouaient contre sa maladie; à la fin, un médecin lui dit : Je ne connais pour vous guérir qu'un seul moyen : il faut endosser la chemise d'un homme complétement heureux. Là-dessus, mon crésus se met en campagne; vingt fois il croit tenir son affaire, toujours son homme heureux lui échappe, toujours le bonheur apparent recèle quelque peine secrète. Enfin, à force de voyager, notre chercheur touche à son but. L'homme complétement heureux, c'était un laboureur courbé sur sa charrue. — « Je suis guéri ! s'écrie le riche; vite ta chemise, mon brave, et demande-moi tout ce que tu voudras. » — « Ma chemise !... de bien bon cœur, mais..... »

Cet homme heureux n'avait pas de chemise!!...

Dira-t-on maintenant que la richesse fait seule le bonheur !

# VIII.

## LETTRE D'UNE FILLE A SA MÈRE.

### (Un rêve.)

**ARGUMENT.** — Marie, qui momentanément demeure chez une parente, raconte à sa mère un rêve dont elle se sent encore émue. Poussée par des idées d'ambition, elle avait quitté sa famille et le village pour suivre une riche inconnue dont les fallacieuses promesses lui avaient fait espérer la fortune et le bonheur. Mais bientôt, elle expiait cruellement son ingratitude ; sa prétendue bienfaitrice ne l'avait adoptée que pour se venger de parents séparés d'elle pour de graves motifs. Elle avait projeté de les déshériter en faveur de Marie, qu'elle faisait ainsi la complice de son perfide dessein. Sous le faux prétexte d'une réconciliation, elle les avait priés à une grande fête, pendant laquelle elle devait leur faire connaître sa résolution. — Désespoir de Marie, à qui les sarcasmes et le mépris sont prodigués de toutes parts. — Elle veut fuir à jamais ces lieux funestes. — Soudain une paysanne vient apprendre à Marie la mort de sa malheureuse mère, dont la dernière parole a été une malédiction. — La jeune fille supplie sa mère de la rassurer et de lui dire qu'elle l'aime toujours.

### DÉVELOPPEMENT.

#### MA CHÈRE MÈRE,

C'était une coutume chez les anciens de demander aux devins l'interprétation des songes. Pour moi, malgré leur exemple, je n'en reste pas moins incrédule à l'endroit de la nécromancie, n'en déplaise à nos sorciers modernes ; mais c'est un parti pris. J'avouerai pourtant que, en t'écrivant ces lignes, je me sens encore toute troublée par le souvenir d'un rêve de la nuit dernière. Les détails en sont tellement nets, leur enchaînement si naturel, et le dénoûment surtout si émouvant, qu'en vérité je serais encore tentée de prendre cette vision au sérieux, et c'est parce que j'ai hâte de me convaincre de mon erreur que je vais t'en faire le récit.

Une grande dame qui, d'aventure, traversait notre village, s'était arrêtée dans ta maison, dont l'intérieur modeste frappa d'abord ses regards accoutumés à la splendeur. Après quelques paroles échangées, et comme frappée d'une idée subite : Tandis que vous vivez, t'a-t-elle dit, du fruit d'un travail ingrat et pénible, il ne tiendrait qu'à vous de changer cette médiocrité en une honnête aisance, ces fatigues en plaisirs, ces privations en jouissances. Si vous le voulez, j'adopte votre enfant, et vous aurez votre part de la fortune que je lui réserve.

Le désir de te voir heureuse, et, je dois le dire aussi, une coupable ambition m'entraînèrent ; malgré tes larmes, je suivis l'inconnue.

Les voyages sont rapides en songe, et déjà depuis un an j'étais transportée dans ma nouvelle demeure. C'était un palais somptueux, où se trouvait réuni tout ce que l'art et le luxe ont d'éblouissant et de magique.

Entourée des soins de ma protectrice, rien n'avait manqué à mes désirs, et j'eusse été complétement heureuse si je t'avais eue près de moi pour partager mon bonheur. Cependant, au milieu de cette apparente félicité, j'aurais en vain essayé de vaincre ma profonde tristesse, et je sentais souvent mes yeux se remplir de larmes. Le remords déchirait mon cœur.

La baronne, à laquelle je ne cherchais point à cacher mes regrets, s'efforçait d'écarter de ma pensée tous les souvenirs qu'elle en jugeait être la cause ; elle me parlait sans cesse de son affection et de son dévoûment, même elle m'eût volontiers entendue l'appeler ma mère, si je l'avais osé. Elle m'avait arrachée à ton amour, elle te savait malheureuse et abandonnée, et quand je lui rappelais les promesses mensongères qu'elle nous avait faites à toutes deux au moment de notre séparation, j'excitais sa colère, et bientôt je me voyais forcée au silence.

Enfin, le but de ses coupables machinations ne devait plus rester caché, et pour ma part j'allais cruellement expier ma faute.

Sa haine envers une famille qui s'était séparée d'elle pour de graves raisons, éclatait enfin, et en déshéritant ses parents, elle m'avait choisie pour être l'instrument de sa vengeance. Pour leur apprendre sa résolution, elle les pria tous à une grande fête, sous le faux prétexte d'une réconciliation. Juge de ma honte, de mon humiliation, quand je me vis la complice involontaire de ce dessein perfide. Les sarcasmes et le mépris m'étaient prodigués de toutes parts, et je courbais la tête, car je n'avais pas la pureté de la conscience pour me soutenir. Eperdue et tout en larmes, je voulais fuir pour jamais ces lieux funestes, lorsque soudain une femme du village parut haletante devant moi : Malheureuse, s'écria-t-elle, quittez bien vite cette parure brillante, et ces fleurs, et ces bijoux ; ce sont des vêtements de deuil qu'il vous faut prendre maintenant ! votre mère, votre malheureuse mère est morte en vous maudissant !

Ici l'oppression de ma poitrine devint si forte que je m'éveillai suffoquée et versant un torrent de larmes.

Ce rêve affreux est-il un avertissement du ciel, je l'ignore; mais avant tout qu'un mot de toi me rassure et me dise que tu m'aimes toujours autant que je t'aime.

MARIE.

## IX.

### LETTRE D'UNE JEUNE FILLE A SA MÈRE.

*(Premiers jours de pension.)*

**ARGUMENT.** — Fanny communique à sa mère ses impressions en arrivant à la pension. — Elle s'en était fait un tableau beaucoup plus sombre qu'il n'est véritablement. — Ici, partout, des grilles, et pourtant rien ne ressemble moins à une prison. — Développer. — Etudes, réfectoire, dortoir. — L'habileté de Fanny, dans les jeux de son âge, lui a acquis une supériorité d'un excellent effet chez une novice; son désir, toutefois, est de l'établir surtout par les bons résultats de son travail.

## DÉVELOPPEMENT.

CHÈRE MAMAN,

Cette fois m'y voilà bien!... la porte de la pension s'est refermée sur moi... Ah! je ne puis te le cacher, bonne mère, cette pensée, pendant bien longtemps, a troublé mes joies. Lorsque mon père et toi vous vous entreteniez de mon avenir, mon esprit n'était pas si captivé par les jeux de mon âge que je ne comprisse la nécessité de quitter avant peu vos caresses pour les leçons, de ne plus garder de vos embrassements que le souvenir, de vous aimer mais sans vous voir! Mon cœur se gonflait alors, et vous me croyiez très-occupée de ma poupée, que je pleurais et vous cachais mes larmes.

Enfin le moment de la séparation est venu; je ne vous dirai point ce qu'il m'en a coûté, bons parents, vos regrets égalaient les miens. Mais il faut bien se résigner au mal que l'on voit sans remède, alors surtout que la résignation ne doit point être stérile. Il faut en convenir, je m'étais fait le tableau de cette vie, encore nouvelle pour moi, beaucoup plus sombre et attristant qu'il ne l'est en effet. L'imagination va toujours trop facilement au-delà de la réalité, et par là même on double ses appréhensions.

Ici, partout des grilles, partout des portes closes, et quatre murs limitent nos pas; malgré tout cela, pour qui peut entendre les cris joyeux, le tumulte des récréations, rien ne ressemble moins à une prison.

Le contraste n'est pas moins sensible si nous entrons dans les salles d'étude, toujours calmes et silencieuses, où tout se dit par un signe, où notre maîtresse seule a le droit d'élever la voix. Vingt minutes nous suffisent pour prendre notre repas, où, comme à Lacédémone, l'appétit est le principal assaisonnement. Les heures de repos nous sont comptées, et la cloche nous annonce impitoyablement le lever du soleil que le nôtre suit de près.

À mon arrivée ici, on me regarda d'abord avec curiosité, puis avec indifférence, et bientôt on se rapprocha de moi comme d'une ancienne connaissance. On m'associa à tous les plaisirs qui nous sont permis, et, par mon habileté à lancer les volants, je me suis acquis déjà une supériorité d'un excellent effet chez une novice. Ce n'est pas, cependant, que là se bornent mes prétentions; un succès aussi facile serait loin de remplir le but que je dois atteindre, d'autant mieux qu'ordinairement les plus paresseuses l'emportent sur les autres pendant les récréations.

Dans une pension, aussi bien que dans le monde, on trouve l'application de l'adage « qui se ressemble s'assemble, » et rarement on voit les élèves dissipées se mêler aux jeunes filles studieuses et assidues. Entre elles, mon choix est fait, bonne mère, car j'ai trop à cœur de reconnaître, par mon zèle et mes progrès rapides, les sacrifices que tu n'hésites pas à faire pour m'assurer plus tard une place convenable dans la société. J'ai su jusqu'à présent mériter les sympathies de mes maîtresses, et la suite, je te l'assure, ne démentira pas ce bon commencement.

J'ajouterai que, grâce aux confitures dont j'étais munie par tes soins, j'ai pu à chaque goûter prodiguer les douceurs à mes petites camarades; leur empressement à les savourer me fait craindre pour la durée de mes provisions, mais je ne veux te demander de vouloir bien les renouveler que lorsque, par l'excellence de mes bulletins, je me trouverai digne de cette nouvelle faveur.

Mille baisers bien tendres pour mon bon père et pour toi.

FANNY.

# X.

## LETTRE D'UNE AMIE À UNE AMIE.

*(Description d'un voyage à Bourbon.)*

**ARGUMENT**. — Clarisse rend compte à Antonia de son voyage à l'île Bourbon, où l'attendait sa famille. — Détails géographiques. — Impressions à bord du navire, bourrasques, calmes plats, passage sous la Ligne. — Développer. — Bonheur de revoir le pays natal.

### DÉVELOPPEMENT.

MA CHÈRE ANTONIA,

S'il t'en souvient, ma dernière lettre était datée de Gibraltar : partis de Toulon avec un bon vent, nous avions longé les côtes de la fertile Espagne, salué en passant les îles Baléares, et franchi, non sans beaucoup de peines, le détroit qui sépare les deux continents.

Bien que jusque-là notre navigation ait été des plus heureuses, je n'ai pas été, tu le sais, sans me ressentir du malaise qu'éprouvent même les plus aguerris, sur une mer aussi orageuse que la Méditerranée. Toutefois, je me hâte de te rassurer : la nature m'a favorisée sous ce rapport, car je me suis promptement habituée à ce genre de vie, et ma santé est excellente. Fasse le ciel qu'il en soit de même aussi pour toi.

Enfin nous voguons sur l'océan Atlantique, et notre curiosité est vivement réveillée : c'est d'abord le spectacle solennel de cet immense horizon dont l'œil cherche en vain les limites. Alors surtout on comprend la faiblesse de l'homme et la grandeur de Dieu ! Que sommes-nous sur cette vaste mer qui soulève notre frêle bicoque comme une plume légère !

Autour de nous des requins, des souffleurs, des bonites, luttent de vitesse ; plus loin, et quelquefois contre le bord même, des mollusques si curieux et si singuliers, si divinement festonnés, qu'on ne peut guère dire si ce sont des poissons, des fucus, ou des bouquets de fleurs.

Terre, crie-t-on à l'avant ! Voici les Madères, groupe d'îles si connues des Européens par leur vin couleur de topaze.

Glissons toujours, ce sont les Canaries, qu'on nomme aussi îles Fortunées; elles sont au nombre de sept parmi lesquelles est Ténériffe; les côtes en sont riantes et fertiles, mais au centre se dresse ce pic célèbre, volcan redoutable ! à la fois couvert des glaces de l'hiver et vomissant des tourbillons de flammes et de fumée, qui peut-être engloutiront un jour les villes, les bourgs et les vignobles qu'il domine.

Ici, sont les dix îles pierreuses du cap Vert; les Portugais, auxquels elles appartiennent, font commerce de l'indigo, des oranges et des citrons qu'elles produisent en abondance.

Nous avançons toujours, longeant la côte d'Afrique : la chaleur est devenue excessive, nos membres s'affaissent brisés sous les rayons d'un soleil de plomb. Malgré les tentes et l'eau abondamment répandue, le pont est brûlant. Faible détail qui ne préoccupe point les matelots de l'Aventure. Bien au contraire, l'hilarité de l'équipage en est doublée; mais que vois-je? que signifient cette cérémonie bouffonne, ces travestissements grotesques, ces pompes si activement manœuvrées, ces baquets pleins d'eau, baignoires improvisées à l'usage des novices! Tu l'as deviné, Antonia, nous passons sous la Ligne.

Je ne te dirai rien des calmes plats ni des levers et des couchers du soleil sur l'Océan; ce sont là de ces magiques tableaux que je n'essayerai pas de te dépeindre; de plus habiles l'ont fait, et leurs descriptions semblent bien pâles en face de ces merveilles de la nature.

Cependant une brise favorable enfle nos voiles, nous sommes en vue de Sainte-Hélène, et l'on cherche sur ces bords silencieux l'ombre du grand homme; passons vite, et saluons respectueusement son tombeau !

Déjà le deuxième tropique nous domine; nous sommes chez les Hottentots, nation nègre, de couleur brun-rouge,

aux traits hideux, au menton pointu, aux joues proémi-
nentes, aux yeux imperceptibles, aux lèvres monstrueuses;
ils sont là, vivant sous des huttes enfumées, livrés à leurs
instincts féroces.

Mais le vent siffle dans les vergues, la mer, houleuse, soulève avec furie notre frêle navire qu'elle couvre tout entier
de ses lames, d'affreux craquements se font entendre et me-
nacent d'entr'ouvrir le navire sur les rochers : rien n'est
debout, rien ne résiste, tout cède; on dirait que le gouffre
béant va nous engloutir. Prions Dieu avec ferveur !

Enfin le cap est doublé, nous voici dans l'océan Indien.
Madagascar est à notre gauche, et Bourbon, terme de notre
voyage, s'élève, fertile et verdoyante, du sein des ondes.....

O bonheur ! j'ai revu mon pays natal, et mon vieux père
me presse sur son cœur. Qu'elles sont douces ces larmes que
nous versons! Oh! oui, l'absence est bien le plus grand des
maux !

Les voilà bien ces bananiers dont l'ombrage abritait mon
enfance, et ces cases çà et là disparaissant sous le feuillage.
Quelle richesse dans la campagne! Le blé, le café, le sucre,
le girofle, y croissent en abondance. Ah! j'ai reconnu la chanson monotone de l'esclave fidèle; c'est qu'il n'a point à redouter de châtiment barbare, c'est que son maître est un
protecteur et non pas un tyran.

Tu le vois, chère Antonia, j'ai trouvé le bonheur , et rien
n'y manquera désormais si tes lettres fréquentes m'appren-
nent qu'il est aussi ton partage. C'est le vœu de ton affectionnée

CLARISSE.

<h2 align="center">XI.</h2>

<h3 align="center">LETTRE D'UNE MÈRE A SA FILLE.</h3>

(Ridicules de la coquetterie.)

**ARGUMENT.** — Une mère expose à sa fille tous les ridicules de la
coquetterie. — Portrait d'un petit-maître. — Il ne faut pas cher-

5.

...cher la distinction dans les frivoles ornements de la parure, mais dans les qualités solides de l'esprit et du cœur.

## DÉVELOPPEMENT.

MA CHÈRE ENFANT,

Mon dernier entretien avec ton institutrice fera le sujet de cette lettre, puisque, retenue momentanément loin de toi par d'importantes affaires, je ne puis, comme je l'aurais souhaité, te communiquer de vive voix certaines réflexions dont je te laisserai juge.

Que le ton sérieux de mes paroles n'ait rien qui t'effraye ; les conseils, les reproches même que je pourrais t'adresser seront toujours ceux d'une mère dévouée à tes intérêts, mais dont l'indulgence n'ira pas, toutefois, jusqu'à flatter tes défauts en les couvrant des mots d'espiégleries ou d'enfantillages.

Tu es bien jeune encore, sans doute, mais ce n'est pas lorsque le mal sera sans remède qu'il faudra chercher à le combattre : aussi ma tâche est-elle de te montrer l'écueil partout où il se présente, et de te ramener dans le droit chemin, en m'adressant avant tout à ta raison. — Ton caractère est doux, me dit-on, et ton cœur sensible. Pourquoi faut-il qu'à ce jugement d'un excellent augure, viennent se joindre des reproches sur ta vanité ?

Les préoccupations exagérées que te donne le soin de ta toilette n'ont point échappé à ta vigilante directrice, et je ne puis que la remercier de cette surveillance active qu'elle exerce, non-seulement sur ton travail, mais encore sur tes fâcheux penchants.

Sans te parler des mille dangers de la coquetterie, ignores-tu donc le ridicule qui poursuit dans le monde ceux qu'on nomme des petits-maîtres, des petites maîtresses ? Et pour mieux t'en convaincre, écoute ce qu'en dit le profond et spirituel La Bruyère :

« Iphis voit à l'église un soulier d'une nouvelle mode ; il regarde le sien et il en rougit ; il était venu à la messe pour se montrer, le voilà retenu par le pied dans la chambre pour tout le reste du jour; il a la main douce, et il l'entretient avec une pâte de senteur; il a soin de rire pour montrer ses dents: il fait sa petite bouche, et il n'y a guère d'instants où il ne veuille sourire; il regarde ses jambes; il se voit au miroir, et on ne peut être plus content de sa personne qu'il ne l'est de lui-même; il s'est acquis une voix claire et délicate, et heureusement il parle gras; il a un mouvement de tête, et je ne sais quel adoucissement dans les yeux dont il n'oublie pas de s'embellir; il a une démarche noble, et le plus joli maintien qu'il soit possible de se procurer; il met du rouge, mais rarement; il n'en fait pas habitude; il est vrai aussi qu'il porte des chausses et un chapeau, et qu'il n'a ni boucles d'oreilles ni collier de perles; aussi ne l'ai-je pas mis au chapitre des femmes ! »

Ce portrait esquissé de main de maître suffira, je le suppose, pour te bien convaincre du grotesque et du ridicule d'un tel personnage; et, en fille de sens, tu renonceras bien vite à d'aussi futiles prétentions; et, loin de chercher la distinction dans les frivoles ornements de la parure, tu la trouveras dans les qualités solides de l'esprit et du cœur. L'amour-propre est le plus sot des amours.

C'est donc à toi d'y réfléchir mûrement, et te montrant docile à ces avis, d'éviter à ta mère, qui t'aime tendrement, le regret qu'elle éprouverait si tu devais ne pas la comprendre.

Je t'embrasse.

# XII.

## LETTRE D'UNE FILLE A SA MÈRE.

*(La première Communion.)*

ARGUMENT. — Elle exprime sa joie, son bonheur. — Sentiments d'amour et de reconnaissance envers Dieu. — Bonnes paroles du prêtre qui la dirige dans cette action importante. — Elle exhorte sa mère à bien prier pour sa fille, et surtout de venir auprès d'elle.

## DÉVELOPPEMENT.

MA BONNE MÈRE,

Enfin je suis heureuse, car la paix est dans mon cœur. Une seule pensée m'absorbe... pensée d'amour pour ce Dieu de bonté qui bientôt va descendre en moi. Déjà, je le sens, sa grâce me régénère, et quelque indigne que je sois de ses bienfaits, j'ouvre mon âme tout entière à cette joie si pure qu'on ne trouve que dans une foi vive, que dans la religion.

Oui, demain, je m'approcherai de la sainte table ; demain, je prendrai place au banquet des élus. Ah! ce n'est pas que pour s'unir à eux, le Seigneur miséricordieux exige de ses enfants un sacrifice égal au sien! Non. Et tandis qu'il expire sur le Calvaire en rachetant l'humanité souillée par le péché, il ne demande, pour prix d'un sang divin si généreusement versé, qu'un repentir sincère, et qu'une volonté ferme d'imiter ses exemples.

Voilà comment on acquiert cette éternité bienheureuse vers laquelle doivent tendre toutes nos pensées, et qui doit être le but unique d'une vie trop courte pour épurer son cœur et le rendre digne d'être offert à notre souverain juge. Encore quelques instants, et notre bon aumônier nous réunira pour nous adresser ses dernières exhortations. Sa parole est à la fois si éloquente et si persuasive qu'elle nous émeut jusqu'au fond de l'âme. Quand on l'entend vous dépeindre le bonheur de l'enfant qui reçoit son Dieu pour la première fois, le cœur ne sait plus que se réjouir et espérer.

Oui, bonne mère, bien qu'à la veille d'accomplir l'acte le plus solennel de la vie, je suis sans crainte, sans hésitation; car, malgré la faiblesse du jeune âge, on est fort quand Dieu est avec vous.

Qu'il m'est doux aussi de penser qu'après la cérémonie, pendant laquelle tes yeux m'auront suivie partout, tu recevras dans tes bras ta fille, devenue plus digne de ton affection!

Tu viendras, car je t'attends. Tes prières rendront les miennes plus agréables au Seigneur, qui bénira tout ensemble la mère et son enfant.

Mais on se rend à la chapelle, il me faut terminer ma lettre et t'embrasser bien tendrement. A demain.

MARIE.

## XIII.

### LETTRE D'UNE AMIE A UNE AMIE.

*(Mort d'un curé de village.)*

**ARGUMENT.** — Cécile annonce à une amie la mort du curé de son village. — Frappé d'apoplexie foudroyante, le pieux ecclésiastique a succombé sans le secours des sacrements. — Nécessité d'une vie bien remplie et dont les moindres actions concourent à notre salut. — Justes regrets donnés au souvenir de ce bon prêtre, dont le dévoûment égalait la piété. — Les pauvres trouveront-ils un ami plus compatissant? — Sa tolérance pour les misères du cœur et les égarements de la raison. — Il était heureux de pardonner s'il avait vu couler une larme de repentir.

#### DÉVELOPPEMENT.

MA CHÈRE AMIE,

Quels seront ta surprise et tes regrets quand je t'aurai appris la nouvelle qui, en ce moment, remplit de deuil tout le village. Notre curé, ce respectable vieillard qui, il y a huit jours à peine, s'asseyait à tes côtés à la table de mon père, et donnait par l'esprit et la gaîté de ses saillies une tournure si pleine de charme à la conversation ; ce bon prêtre qui, malgré ses cheveux blancs et son grand âge, avait conservé toute la verdeur de la jeunesse, a cessé de vivre à deux heures de relevée, frappé d'apoplexie foudroyante.

En le rappelant si subitement à lui, Dieu n'a point permis qu'il reçût le secours des sacrements : demeuré seul dans son oratoire, il expira sans que personne pût s'attendre à un malheur si imprévu ; mais, son bréviaire tombé de ses mains, attestait que sa dernière pensée avait été une prière.

Cet exemple de la toute-puissance du Très-Haut et de notre néant nous enseigne tout le prix d'une vie bien remplie, et dont les moindres actions concourent à notre salut. En effet, si l'idée de la mort doit avoir quelque chose de terrible, n'est-ce pas surtout pour celui qu'elle surprend en état de péché ? Cependant, combien de gens vivent dans l'oubli de cet instant suprême où, peut-être, ils paraîtront devant leur souverain juge tout chargés d'iniquités !

Sans doute un repentir sincère suffit à la divine miséricorde pour absoudre les plus coupables ; mais encore sommes-nous assurés de faire assez à temps un retour sur nous-mêmes et d'abjurer nos fautes ?...

Plaignons-les, ceux qui vivent dans cette fatale insouciance, et gardons-nous de les imiter.

Le juste, au contraire, préparé dès longtemps à sortir de cette vie, voit avec calme arriver son heure dernière, car son âme restée pure doit retourner dans le sein de Dieu. C'est ainsi que le saint homme que nous regrettons aujourd'hui a quitté la terre pour le séjour des bienheureux. Arrivé au terme de son pèlerinage, il a laissé à tous le souvenir de ses bienfaits ; il a passé en faisant le bien ! Quel autre mieux que lui a connu les devoirs de son pieux ministère ? C'est lui qui, nous recevant aux portes de la vie, a versé sur nos fronts l'eau sainte du baptême ; nous avons grandi sous ses yeux, il a nourri nos jeunes cœurs de la parole divine. Il nous a appris à aimer ce Dieu de bonté qui un jour devait descendre en nous à la table de l'Eucharistie. Il a consacré l'union des époux. Assidu au chevet des agonisants, il trouvait pour eux dans la religion des consolations plus fortes que la douleur.

Parlerai-je de sa généreuse pitié pour l'infortune ! les pauvres, auxquels il donnait sans songer qu'il manquait lui-même du nécessaire, trouveront-ils jamais un cœur plus compatissant, un ami plus charitable, plus dévoué ?...

Dans sa tolérance, les misères du cœur, les égarements de

la raison, les souffrances du corps attiraient son attention, et sans cesse à la recherche des brebis égarées, il était trop heureux de pardonner s'il avait vu couler une larme de repentir.

Mais il n'est plus, et en déposant sur sa tombe notre humble couronne, prions-le à deux genoux de veiller du haut du ciel sur nous qui sommes ses enfants bien-aimés !

CÉCILE.

# XIV.

## UNE JEUNE PENSIONNAIRE A SA SOEUR AINÉE.

*(Oraison funèbre de mon jardin.)*

**ARGUMENT.** — Elle s'excusera de son silence trop longtemps prolongé. — Avouer qu'elle a eu tort lui semble le plus sûr moyen de faire oublier sa négligence. — Chagrin que lui cause la vue de son petit jardin, victime d'une gelée du mois de mai. — Elle déplore la perte de ses fleurs chéries, longtemps cultivées de ses mains, et dont elle ne pourra, suivant son désir, offrir un bouquet à sa sœur le jour de sa fête.

### DÉVELOPPEMENT.

CHÈRE SŒUR,

Mon silence prolongé t'étonne, n'est-ce pas, et déjà tu m'accuses d'indifférence. Bien qu'au fond il n'y ait rien de semblable, la raison que je vais t'en donner semblera tout d'abord te fournir des armes contre moi-même. Qu'importe, je dirai la vérité. Une tristesse profonde, un chagrin, dont peut-être tu riras, voilà ma seule défense.

Pour me justifier, le choix des moyens n'est pas heureux, diras-tu ; eh quoi, c'est parce qu'on est triste, parce qu'on a des chagrins qu'on se renferme en soi-même, qu'on garde ainsi le secret, oubliant qu'on a de par le monde une sœur dévouée, dont le cœur ressent et vos peines, et vos joies?...

Elle est votre aînée, il est vrai, mais s'en fait-elle un droit pour prendre des airs grondeurs, un ton sévère et qui impose! Ne veut-elle pas être plutôt une amie affectueuse, une conseillère prudente mais non sans indulgence, qu'un Mentor rigide dont chaque mot est une sentence, chaque geste un commandement!

A qui demandera-t-on des consolations si l'on dédaigne celles d'un autre soi-même, d'une sœur, pour tout dire!

Que répondre à tout cela! Oui, Mathilde, je suis coupable, bien coupable ; aussi n'essayerai-je pas de m'en défendre, et je viens en m'accusant me condamner moi-même. C'est qu'une faute avouée est, dit-on, à moitié pardonnée. Regarde jusqu'où va ma franchise quand je te dévoile tout mon plan de défense. Ah! cela vaut bien le pardon tout entier, n'est-ce pas, bonne sœur!

Maintenant que la paix est faite, je te dois le récit de mes douleurs, c'est le moins... Tu souris!... eh bien, je te l'assure, ma peine est réelle, ou si les grands mots rendent plus éloquent, j'ai le deuil dans l'âme. C'est que le mal est sans remède, la perte irréparable : tout a péri par la gelée! hélas! ici commence mon oraison funèbre. Adieu mon pauvre jardinet, adieu mes chères espérances longtemps caressées! une seule journée les a détruites, et ce petit éden de quatre pieds carrés, si riant, si soigneusement entretenu par mes mains, n'est plus maintenant qu'un affreux coin de terre tout couvert d'herbe jaunie et de plantes étiolées. Sur mes lilas naguère encore si frais, si odorants, plus de fleurs, plus rien, plus rien qu'une tige flétrie! Je foule les pétales de mes blanches marguerites; et mes roses de mai penchent tristement leur calice sans parfum et sans couleur.

Moi qui m'étais tant promis d'en cueillir les plus belles pour te les offrir à ta fête! Tu comprendras mes regrets, bonne sœur, tu te montreras indulgente, et tu ne refuseras pas un baiser bien tendre de ton affectionnée

ANNA.

# XV.

## LETTRE D'UNE JEUNE FILLE A SA TANTE.

*(Description du Jardin des Plantes.)*

**ARGUMENT.** — Amélie a quitté la province, et depuis un mois elle habite Paris avec son père. Son empressement à visiter les monuments, qu'elle énumère rapidement. Sa lettre est surtout destinée à donner à sa tante une idée du Jardin des Plantes. — Allées ombreuses, jardin botanique, labyrinthe et cèdre du Liban. A propos de ce géant, quelques lignes sur le voyage de M. de Jussieu en Syrie. Musées d'histoire naturelle, ménagerie, cage des singes. — Amélie engage sa tante à venir la rejoindre.

### DÉVELOPPEMENT.

MA CHÈRE TANTE,

Depuis un mois déjà, mon père et moi nous habitons la grande ville, et, grâce à l'ardeur avec laquelle nous en visitons les moindres recoins, avant peu nous pourrons dire : nous connaissons Paris !

Remarquons, à ce propos, que plus des deux tiers des Parisiens ne sauraient en dire autant. Chose surprenante ! il n'y a guère que les étrangers dont la curiosité triomphe de cette inertie, de cette insouciance portée à un si haut degré chez le Parisien; si, par aventure, ses affaires l'obligent à passer devant l'un de ces superbes monuments qu'on ne rencontre en aucun autre lieu du monde, c'est à peine si, détournant la tête, il regardera d'un œil distrait les merveilles qui font la gloire du pays. Hâtons-nous toutefois d'en excepter la Bourse, dont, pour un grand nombre, mieux vaudrait ignorer l'existence. Mais laissons la critique, notre rôle, à nous, est d'admirer, et nous voilà de jour en jour plus infatigables, nous transportant de l'Arc de l'Etoile à Notre-Dame, du Panthéon aux Invalides, de la place Vendôme à la colonne de

Juillet, du Louvre au Luxembourg, des Tuileries au Champ-de-Mars, de la Madeleine au Jardin des Plantes, en suivant l'admirable ligne des Boulevards, le plus magnifique des panoramas qu'on puisse imaginer.

Nous avons franchi le pont d'Austerlitz, le Jardin est devant nous ; la course a été longue, arrêtons-nous quelques instants dans cette vaste enceinte, où l'on trouve à la fois tous les charmes de la promenade et l'assemblage le plus enchanteur des beautés de la nature. Promenons-nous ensemble au milieu des parterres émaillés de fleurs ; poursuivons notre route ; voici des enclos réservés aux plantes médicinales, ou bien aux plantes nourricières, distribuées avec ordre, par espèces et familles. Que ces massifs sont beaux ! Tantôt les tilleuls et les marronniers forment des berceaux dont l'ombrage invite à la méditation ; tantôt ce sont les arbres des climats les plus variés qui bordent les allées : les sapins du Nord, les cèdres de l'Asie, les palmiers d'Afrique, les bananiers de l'Amérique y sont réunis. — Quel est ce verdoyant monticule ? un petit sentier s'enroule en spirale autour de ses flancs ; mais, avant de le gravir, admirons l'immense cèdre du Liban, ses vastes rameaux s'étendent en parasol, et son tronc est si développé que six personnes pourraient à peine l'embrasser. Le célèbre naturaliste de Jussieu l'a rapporté lui-même en France, après bien des fatigues. Pour conserver ce jeune arbre, dont il voulait augmenter notre collection, il se privait, dit-on, du peu d'eau qu'il avait à boire, supportant rage la chaleur et la soif, au milieu des plaines brûlantes de la Syrie.

Égarons-nous maintenant dans les détours du labyrinthe ; un léger pavillon au dôme et aux colonnes de fonte en couronne la hauteur ; quel spacieux horizon l'œil embrasse de toutes parts ; la capitale s'étend à nos pieds !

Voici maintenant les musées d'histoire naturelle, de géologie et de minéralogie, dont la direction est confiée aux savants dont la France s'honore.

Ces édifices de cristal sont les vastes serres qui protégent les végétaux les plus rares contre les rigueurs de l'hiver où, par des calorifères habilement disposés, ils retrouvent dans nos régions la température du pays qui les a vus naître.

Nous arrivons à la ménagerie ; elle possède, en général, un ou plusieurs couples des différents animaux. De nombreuses cellules renferment les carnassiers, le lion, le tigre, la panthère, l'hyène, le jaguar. Plus loin sont les fosses profondes où les ours promènent leur indolence. La foule les entoure ; c'est qu'à grand'peine, séduit par l'appât d'un morceau de pain, Martin s'est décidé à grimper à l'arbre. L'éléphant, aussi intelligent qu'il est informe et pesant ; le rhinocéros, son ennemi naturel ; le chameau, que les Arabes regardent comme un présent du ciel, comme un animal sacré sans le secours duquel ils ne pourraient ni subsister, ni commercer, ni voyager ; la girafe, l'un des plus beaux, des plus grands animaux, et qui, sans être nuisible, est en même temps l'un des plus inutiles ; l'hippopotame, qu'on ne trouve guère que dans les fleuves de l'Afrique, sont les hôtes de la grande rotonde, placée à peu près au centre du jardin.

Des galeries vitrées renferment un bon nombre de reptiles curieux. Autour de nous, des enceintes semées de gazons et limitées par des treillages, sont destinées aux animaux qui se nourrissent d'herbages et dont les mœurs sont plus douces. Le zèbre, l'hémione, le cerf, le daim, la gazelle, l'antilope, le lama et les différentes variétés des moutons s'y promènent tout le jour. D'élégants pavillons au toit de chaume leur servent d'abri. Puis, une spacieuse volière est réservée à la multitude des oiseaux, tandis que les espèces aquatiques sillonnent des bassins ombragés par des saules.

N'oublions pas la fameuse cage des singes. Des balançoires, des cordes à nœuds, des perchoirs dont le faîte est garni de cloches, des galeries circulaires, rien n'y manque pour le divertissement des prisonniers, dont les grimaces et les extravagances amusent les promeneurs.

Certes je prolongerais de beaucoup cette pâle description avant qu'elle pût te donner une faible idée de cet ensemble merveilleux que j'ai cherché à peindre ; puisse-t-elle, du

moins, te décider à venir promptement nous rejoindre ; ce mé
rite est le seul auquel elle veuille prétendre.

Je t'embrasse bien tendrement,

Ta nièce,

AMÉLIE.

## XVI.

## LETTRE D'UNE MÈRE A SA FILLE.

*(Inauguration de la statue de Parmentier.)*

**ARGUMENT.** — Une mère traversant, dans un voyage, la ville
de Montdidier, a assisté à l'érection de la statue de Parmentier.
C'est pour elle l'occasion de donner à sa fille quelques détails sur
la découverte due au modeste philanthrope. — Les pommes de
terre, transportées du Pérou, et cultivées en France en dépit du
préjugé populaire. — Louis XVI accorde à Parmentier cinquante
arpents de la plaine des Sablons pour y faire son expérience. — Le
succès la couronne. — En mettant cette notice sous les yeux de
sa fille, son but est de l'habituer à ne jamais négliger de faire les
recherches nécessaires pour s'instruire.

## DÉVELOPPEMENT.

MA PETITE MARIE,

Ce jour est le huitième de notre voyage, et l'état de notre
santé ne saurait être meilleur. Ton père et moi, nous sommes
arrivés à Montdidier depuis avant-hier, dans la nuit; et,
comme tu le vois, en écrivant à ta gouvernante, la bonne
madame Rolland, nous n'avons point oublié de joindre aussi
quelques lignes pour toi. C'était chose promise, et tu connais
notre exactitude. Si je cherchais bien dans mes souvenirs,
peut-être trouverais-je qu'en pareil cas, ta mémoire, plus fu-
gitive, te fait parfois défaut. Mais laissons ce sujet, cette lettre ne doit pas être une mercuriale, et je ne te reprocherai
pas de m'avoir fait espérer telle amélioration dans ta conduite ou dans ton travail sans que l'effet ait suivi de près la

promesse; nous mettrons donc tout cela sur le compte d'un oubli involontaire. Il n'en faut plus parler.

Tu n'étais qu'une enfant alors, et ton âge expliquait tes inconséquences; mais aujourd'hui que ta septième année est déjà commencée, te voilà presque une grande demoiselle, c'est à toi de l'être aussi par la raison.

L'assurance que j'ai de ton bon vouloir et de ta docilité ne me laisse à cet égard aucun doute. Pour te le prouver, je me bornerai à ces simples conseils, et je te parlerai d'un incident de notre voyage, dont les détails sont propres à t'instruire et à t'intéresser.

Hier, les autorités civiles assistaient ici à l'érection de la statue en pied du célèbre Parmentier, au milieu de la plus grande place de la ville. La cérémonie avait attiré le concours nombreux des compatriotes du modeste philanthrope, tous heureux de rendre hommage à son souvenir.

Quelques mots d'explication ne te seront pas inutiles.

Transportée du Pérou en Europe dès les premières années du XVIe siècle, la pomme de terre, qui avait d'abord été cultivée en France, fut ensuite rejetée par la routine et l'ignorance.

Suivant un préjugé populaire, cette plante était une espèce de poison qui épuisait les terres, et qui donnait la lèpre ou tout au moins la fièvre à ceux qui s'en nourrissaient.

Parmentier résolut d'attaquer avec courage et persévérance ces préjugés ridicules.

Il savait combien il est difficile de lutter contre la routine; mais est-il rien au monde qui puisse arrêter l'homme animé de la passion et du génie du bien !... Parmentier comprit que, pour arriver à son but, il lui fallait une haute protection; cette protection, il la rencontra dans le roi Louis XVI.

Comme il se proposait avant tout de frapper l'imagination des Parisiens, il sollicita et obtint du monarque, pour l'essai qu'il méditait, cinquante arpents de la plaine des Sablons. Ces sables stériles furent labourés pour la première fois par les mains de Parmentier, qui leur confia les plantes qu'il voulait réhabiliter. Emerveillé de son succès, Parmentier cueillit un bouquet de ces précieuses fleurs, et courut à Versailles le présenter au monarque. Louis XVI accepta l'offre avec bienveillance, et malgré les sourires moqueurs de quelques-uns des courtisans qui l'entouraient, il en para la boutonnière de son habit.

De ce moment, la cause de la pomme de terre fut gagnée. Les grands seigneurs et les dames, qui jusqu'alors avaient beaucoup ri de ce qu'ils appelaient la folie du bonhomme, s'empressèrent d'imiter l'exemple de Louis XVI et d'adresser leurs félicitations au modeste savant.

Des gardes placés autour du champ excitaient la curiosité de la foule ; mais ces gardes n'exerçaient leur surveillance que pendant le jour. Bientôt on vint annoncer à Parmentier que ses pommes de terre avaient été volées pendant la nuit. A cette nouvelle, il ne se sentit pas de joie, et récompensa largement celui qui la lui avait apportée. Il ne voyait dans le vol commis qu'un nouveau genre de succès.

« Si l'on vole la pomme de terre, se dit-il, c'est qu'il n'existe plus de préjugé contre elle. »

Peu de temps après, il donna un grand repas où, parmi les notabilités de l'époque, assistaient Franklin et Lavoisier. Le tubercule de la plaine des Sablons, dégusté sous toutes les formes, y fournit seul la substance de tous les mets. Les liqueurs mêmes en étaient extraites.

C'est ainsi que, grâce aux généreux efforts d'un seul homme, la France vit la pomme de terre se placer au premier rang parmi ses richesses agricoles.

En mettant cette notice sous tes yeux, mon but est aussi de t'habituer dès à présent à ne point négliger l'occasion de t'instruire par d'actives recherches sur les noms ou les faits historiques que te fourniront tes lectures, et qui te seront inconnus. C'est par ce moyen seulement que tu compléteras les leçons de tes maîtres, et que tu te formeras des idées précises sur des choses que de nos jours il n'est plus permis d'ignorer.

En te donnant ces conseils, que me dictent ton intérêt et mon expérience, j'ai la conviction que tu te montreras docile à les suivre, s'il est vrai, comme tu me l'as dit souvent, que tu aies à cœur de satisfaire tes parents bien-aimés.

Adieu, chère petite ; ton père et moi nous t'embrassons bien tendrement.

## XVII.

### LETTRE D'UNE AMIE A UNE AMIE.

*(Oraison funèbre d'un oiseau.)*

**ARGUMENT.** — Il y a un an, Sophie habitait la campagne de sa tante. — C'était le temps des vacances. — Promenades, divertissements, lectures de la jeune pensionnaire. — Un jour, pendant un orage, un petit chardonneret est tombé en son pouvoir. — Soins qu'elle a pris du charmant prisonnier. — Détails sur son éducation. — Développer. — Mais il était du monde où les plus belles choses ont le pire destin.., un affreux matou l'a croqué à belles dents. — Défions-nous des hypocrites. — Les chats ne sont pas les seuls qui dissimulent leurs ongles.

### DÉVELOPPEMENT.

CHÈRE JENNY,

Il y a un an, ma bonne tante nous invita, ma sœur et moi, à passer quelques jours de nos vacances auprès d'elle à sa villa d'Auteuil.

Heureuse de nous traiter comme ses propres enfants, elle prévenait nos moindres désirs, et, sans autres lois que notre fantaisie, nous étions maîtresses dans son joli domaine. Les fleurs de son jardin, les fruits de son verger nous appartenaient ; et tu sais si de jeunes pensionnaires profitent en pareil cas de la permission. Je ne te rappellerai pas nos promenades matinales dans le parc, nos jeux sur la pelouse, et nos heures si agréablement consacrées à la lecture sous l'ombrage touffu des vieux marronniers ! C'était vraiment un séjour enchanté !

Il arriva pourtant que le ciel, jusqu'alors si riant et si propice à nos plaisirs, s'obscurcit tout à coup, dans l'un de ces moments où, penchées toutes deux sur le même livre (*l'Herbier des demoiselles*), nous parcourions ensemble quelques pages de botanique. Le passage était des plus intéressants et notre attention si fortement captivée qu'à peine nous avions senti le vent fraîchir, et que de larges gouttes de pluie, précurseurs de l'orage, nous surprenant brusquement, nous forcèrent à chercher un abri.

Bientôt ce fut un véritable déluge; et tandis que, fugitives, nous ralentissions notre course par des éclats de rire, un tout petit oiseau, qui d'une aile alourdie voletait avec peine pour regagner le nid maternel, s'offrit soudain à mes regards. Courir à lui, le prendre et réchauffer de mon souffle le petit imprudent, ce fut l'affaire d'un instant. La surprise devint encore plus agréable quand je reconnus dans mon prisonnier un jeune chardonneret. J'oubliai tout alors, et mes vêtements traversés par la pluie, et le beau livre de ma tante, que dans mon empressement j'avais abandonné au beau milieu du jardin, à l'endroit même où j'avais fait ma nouvelle capture.

Je ne te dirai rien de ma confusion lorsque, un peu revenue de ma folle joie, je retrouvai le pauvre in-octavo couvert de sable et de boue, et ces plantes si bien imitées, dont nous avions admiré le dessin et le coloris, toutes gâtées par la pluie.

Dissimuler le méfait n'était point chose possible; il fallait tout avouer. Je m'arrêtai donc à ce parti qui, à part les remontrances qu'il me valut, remontrances d'ailleurs bien méritées, me réussit parfaitement. Aussi bien, je ne tardai pas à obtenir mon pardon avec une jolie cage pour mon jeune protégé. Aussitôt l'embellir et rendre au prisonnier sa demeure agréable et commode, tels furent mes premiers soins. Mon cœur me disait que je n'avais pas affaire à un ingrat. Il grandit, en effet, cet oiseau chéri, et devint pour moi un compagnon de tous les instants. Insensiblement rendu plus familier, je l'élevai bientôt en liberté : il accourait à ma voix, venait sans défiance se poser sur mon épaule, mangeait le miel dans ma main, et recevait le plus gracieusement du monde les baisers dont sa maîtresse n'était point avare. Vif et joyeux, sa chanson répondait à la mienne sans plus de regret du bocage qui l'avait vu naître. On aime parfois sa captivité.

Mais hélas! est-ce ainsi que sont déjoués nos plus simples projets! Faut-il donc que le bonheur soit si peu durable icibas! — Ah, laisse-moi me lamenter; car cette fois, pour comble de dépit, je suis victime de mon bon cœur. Un vagabond, pourchassé de toutes parts sans trève ni merci, un maraudeur de gouttières au poil hérissé, au corps amaigri par un excès d'abstinence forcée, et qu'en raison de sa mine piteuse, j'avais recueilli, soigné, nourri au point d'en avoir fait un personnage *maflu et rebondi*, comme dirait La Fontaine, voilà l'auteur de mon chagrin! Oui, ma chère Jenny, c'est lui qui d'une dent meurtrière a tué mon charmant favori, celui qui m'égayait de son gentil ramage et dont il était jaloux. — Eh quoi! oses-tu bien encore te montrer à mes yeux, perfide! oses-tu bien frôler ma robe et demander une caresse?... Toi sur mes genoux! arrière, ingrat, arrière! tu te rengorges en vain et viens faire le gros dos; les ténèbres de la cave conviennent mieux à tes habitudes de carnage, et dès aujourd'hui, c'est là que je t'exile. Pars, affreux sournois, ôte-toi de ma vue!... Moi qui vantais partout tes tours de gentillesse!

Ah! Jenny, ne nous fions jamais aux apparences! car les chats ne sont pas les seuls qui dissimulent leurs ongles!

A toi, d'amitié,

SOPHIE.


## XVIII.


### UNE FILLE A SA MÈRE.

*(Jeune fille couronnée en l'absence de sa mère.)*


ARGUMENT.—Dans cette lettre, une jeune fille annonce à sa mère que la distribution des prix vient d'avoir lieu dans son pensionnat.—Quelques mots sur l'enceinte réservée à cet effet. — Discours de la directrica, dont le sujet est *la reconnaissance.* — Joie de notre pensionnaire en recevant le prix d'excellence. — Mais son bonheur est imparfait. — Elle n'est point couronnée sous les yeux de sa mère, que sa mauvaise santé retient en Normandie. — Marie a l'espoir d'apprendre bientôt le rétablissement de sa mère, et se résigne à passer le temps des vacances à l'institution, pourvu toutefois qu'elle reçoive fréquemment des nouvelles de sa chère malade.

## DÉVELOPPEMENT.

CHÈRE MAMAN,

L'année scolaire est terminée d'hier, la distribution des prix en a marqué la fin. A une heure de l'après-midi la foule des parents de mes jeunes camarades venait s'asseoir dans l'hémicycle, et partager nos émotions, les plus douces peut-être de la vie ! La vaste cour des récréations était comme toujours le lieu choisi pour la solennité; une immense toile soutenue par des pieux autour desquels s'enroulaient des festons de lierre, en formait le dôme et la couvrait tout entière ; des tapisseries et des guirlandes de feuillage tapissaient les murs de l'enceinte; on y voyait, en outre, suspendus avec symétrie, ceux de nos dessins qu'on avait jugés dignes d'être exposés. Au fond et en face des spectateurs, s'élevait l'estrade richement ornée et réservée à nos maîtresses.

Le respectable curé de notre paroisse daigna nous honorer aussi de sa présence, et bientôt il vint prendre place à leurs côtés. Son arrivée donna le signal de la cérémonie; le silence se fit, et notre directrice prononça un discours aussi simple que profondément senti; elle avait choisi pour thème la Reconnaissance.

« Elle est, disait-elle, la mémoire du cœur. Déjà belle par elle-même, la reconnaissance est aussi admirable comme principe de beaucoup d'autres vertus. Qu'est-ce que la piété filiale, sinon la reconnaissance d'un enfant pour les bienfaits de sa famille ! Qu'est-ce que la piété, si ce n'est un souvenir des bontés de la Providence à notre égard ! N'y a-t-il pas même un fonds de reconnaissance dans toutes les affections, dans l'attachement des frères, des amis, des serviteurs et des

maîtres? N'hésitons pas à placer la reconnaissance à la tête
de toutes les vertus, puisque Dieu lui-même n'en exige pas
d'autre de l'homme de bien auquel il promet le bonheur du
ciel. »

Cette allocution, dont je rappelle ici les fragments qui
m'ont le plus vivement impressionnée, fut interrompue
par de fréquentes et chaleureuses acclamations. A peine
était-elle terminée qu'on procéda à la distribution des récompenses, et le bon ecclésiastique qui voulait bien y prési-
der, décerna lui-même la première couronne. Te le dirai-je?
cette couronne, il la posa sur ma tête... J'ai obtenu le prix
d'excellence! Mais, dans ma joie, mon regard cherchait en
vain à rencontrer le tien. Au milieu de cette nombreuse as-
semblée, j'étais seule! tu ne partageais point mon bonheur,
et, je ne te le cacherai point, des larmes remplirent mes yeux.

Un baiser de toi m'eût rendue bien heureuse ; c'eût été
pour moi le plus doux prix de mes efforts. Ton absence m'a
été d'autant plus sensible, que je voyais mes compagnes dans
les bras de leurs mères, et qu'à moi seule cet épanchement
du cœur n'était pas permis.

Tu le regretteras comme moi, je le sais. N'ai-je pas mille
preuves de la tendresse que tu m'as vouée? Mais ici un obstacle imprévu nous tenait séparées ; ce n'est donc point ton
affection que j'accuse, et je déplore avec toi le mauvais état
de ta santé qui te prescrit des soins que je suis la première à
te recommander. Prolonge donc autant qu'il le faudra ton séjour à la campagne ; les côtes de la Normandie sont renom-
mées pour la salubrité de l'air qu'on y respire ; c'est donc
avec raison que le docteur t'engage à ne point hâter ton retour. Ses conseils, sans doute, ne répondent point à nos désirs mutuels ; mais ils sont dictés par l'expérience, et ce sacrifice devient indispensable. Espérons qu'avant la fin de
l'été, ton rétablissement sera complet ; cette pensée doit nous
consoler toutes deux, et les bons résultats obtenus nous dé-
dommageront des privations qu'ils nous auront imposées.

C'est donc sans me plaindre que je passerai le temps des
vacances à la pension ; je t'écrirai souvent, oui, bien sou-

vent ; de ton côté tu me parleras des lieux que tu habites ;
je t'y suivrai par la pensée ; et, malgré la distance, mon
cœur sera près de toi. Dieu, que je prie avec ferveur, exau-
cera mes vœux, et bientôt te rendra aux embrassements de
ta fille bien aimée,

MARIE.

## XIX.

### RÉPONSE DE LA MÈRE.

**ARGUMENT.** — Elle n'a point oublié l'époque de la distribution
des prix. — Ses regrets de n'avoir pu y assister. — Elle félicite
Marie de son succès, et la remercie de ses bons sentiments. — Le
mauvais état de sa santé la retient encore pour quelque temps à la
campagne. Elle habite Luc. — C'est un petit village sur le bord
de la mer, à quatre lieues de Caen. — Description de la plage. —
Les habitants sont presque tous pêcheurs, etc. — La saison des
bains attire un grand nombre de promeneurs dans le pays. — La
chapelle de la *Délivrande*, située à quelque distance, est un lieu de
pèlerinage. — On cite de grandes dames qui ont fait une retraite
dans le monastère bâti près de l'église. — Espoir d'un prochain
rétablissement.

### DÉVELOPPEMENT.

MA CHÈRE ENFANT,

Ta charmante petite lettre est venue me surprendre au réveil le plus agréablement du monde. Malgré notre éloignement, je n'avais point oublié l'époque de la distribution des
prix pour votre pensionnat, et cette pensée, sans cesse présente à mon esprit, ne m'en a rendu que plus sensible le
regret de ne pas être auprès de toi. Un secret pressentiment
me disait aussi que ton zèle et ton application seraient cou-
ronnés d'un plein succès. Il a, je dois le dire, outrepassé mes
espérances. Les bulletins trimestriels qui m'ont été régulière-
ment adressés ont beaucoup contribué, sans doute, à me
donner confiance dans l'heureux résultat que tu m'annonces

aujourd'hui ; mais il fallait aussi tenir compte de l'émulation de tes jeunes compagnes studieuses comme toi, et non moins désireuses d'obtenir la supériorité. Les compositions finales devaient encore décider de ton sort et du leur ; réjouissons-nous donc de ce que, dans cette lutte dernière, l'avantage te soit resté ; je t'en félicite, chère enfant, de tout mon cœur.

Ma présence, dis-tu, eût mis le comble à ta satisfaction, et je crois à la sincérité de tes paroles ; c'est joindre ainsi aux qualités de l'esprit les qualités morales, plus précieuses encore, puisque c'est d'elles que dépend le bonheur en cette vie. Conserve donc dans leur pureté ces sentiments que tu me témoignes et que j'aime tant à reconnaître en toi. Ils sont la douce récompense de mon amour maternel.

Sans doute j'eusse été heureuse de te voir couronner ; mais j'ai dû résister à ce désir si naturel, ma santé, trop faible encore, ne me permettant pas de cesser brusquement les soins minutieux auxquels je suis assujettie depuis si long-temps. Ce n'est pas toutefois que je n'aie à constater une sensible amélioration dans mon état, et j'ai tout lieu de croire à une prompte et complète guérison.

Je suis, en ce moment, dans un petit village qu'on nomme Luc, à quatre lieues de Caen. Il est placé au commencement d'une petite baie, dont le fond est Rouen. A l'opposé de Luc est le Hâvre, dont je vois les phares de ma fenêtre ; sa plage a environ deux cents mètres de longueur : c'est un sable fin sur lequel la vague glisse en rampant à l'heure du flux, et qu'un flot de promeneurs vient inonder dès que la mer se retire. Le vent a séché la place où l'eau a passé, en moins de temps qu'il n'en faut pour te l'écrire, et jamais le sable de la plage ne dégénère en bourbier. Le pied ne se heurte à aucune pierre, à aucun galet. On dirait un moelleux tapis que l'on a plaisir à fouler.

Il n'y a pas ici, à beaucoup près, cette animation, ce mouvement qu'on remarque dans les ports de quelque importance : ce village est, en quelque sorte, un point perdu sur la carte. Le commerce y est nul, attendu que les navires n'y trouveraient qu'un mouillage très-insuffisant. Les barques des pêcheurs composent toute la flotte, et la vente du poisson fournit seule, en général, des moyens de subsistance aux habitants de la côte. La saison des bains nous amène cependant un assez grand nombre de promeneurs, que la salubrité de l'air y attire de préférence. Le calme de ce séjour permet de jouir plus à l'aise de la vue de cet immense horizon d'eau, qui se perd dans une brume lointaine, et de ces vagues qui se gonflent, s'élèvent et se brisent en écume. Cet imposant spectacle est à peu près l'unique distraction qu'il soit permis de se procurer ; et, pour ma part, je goûte fort cette existence paisible qui repose un moment du tumulte de la grande ville.

Il y a près de Luc une chapelle que l'on nomme la Délivrande. Elle est placée au milieu d'un hameau qui vit de la piété des fidèles. On vient à la chapelle de la Délivrande en pèlerinage, et l'on cite de grandes dames qui ont fait une retraite dans le monastère bâti près de l'église. Je m'y suis transportée plusieurs fois pour y faire mes dévotions, car c'est dans la religion surtout que l'on trouve des soulagements à ses maux, et la résignation nécessaire pour supporter les épreuves auxquelles il plaît à Dieu de nous soumettre.

Prends donc patience, chère enfant, notre séparation ne sera pas de longue durée, j'en ai l'espoir ; tes prières et les miennes seront exaucées, et le bonheur de nous embrasser suffira pour nous dédommager de nos mutuels sacrifices.

Ta mère, qui t'aime.

# XX.

## UNE AMIE A UNE AMIE,

*(Sur la mort d'une mère.)*

**ARGUMENT.** — Alice déplore la perte douloureuse qu'Anna vient de faire. — Sa mère a succombé à une longue et cruelle maladie. Admirable résignation de la défunte. — La religion seule l'en rendait capable. — Sans doute il n'est point de consolations à d'aussi grandes et d'aussi justes douleurs. — Toutefois la pensée des récompenses célestes réservées à sa mère doit tempérer l'amertume des regrets d'Anna. — Il faut se soumettre sans murmurer aux décrets de la Providence.

## DÉVELOPPEMENT,

MA PAUVRE ANNA,

La perte cruelle que tu viens de faire ne pouvait me surprendre : l'état désespéré de ta malheureuse mère, le spectacle navrant de ses longues souffrances, ne laissaient point de doute à tous ceux qui l'entouraient sur l'impuissance de leurs efforts.

S'il était des consolations à d'aussi justes et profondes douleurs, on en trouverait, quoique de bien faibles assurément, dans la fin de ces tortures physiques qui ne devaient cesser qu'avec la vie ; mais cherchons-les surtout dans cette pieuse résignation de ta mère qui ne voyait dans son mal qu'une épreuve à subir, en expiation d'une existence sans tache à nos yeux, et pourtant indigne aux siens d'être offerte au Seigneur. Tant il est vrai que la religion seule nous soutient quand nous sommes sur le point de faiblir, et donne aux plus débiles créatures une force et un courage surhumains. C'est elle qui inspirait à ton bon père ce dévoûment de toutes les heures, de tous les instants ; c'est elle qui le tenait infatigable et sans relâche au chevet de la mourante.

Et toi-même, chère enfant, n'est-ce pas dans le sentiment du devoir et dans ta confiance en la miséricorde du Très-Haut que tu puisais toute ton énergie !

Aussi affligée que toi-même du coup qui te frappe dans tes plus chères affections, je ne puis que mêler mes larmes aux tiennes : pleurons donc, pauvre Anna, pleurons celle que la mort a ravie à la tendresse de sa famille comme à l'attachement de ses amis ; pleurons-la, car rien en ce monde ne pourra nous faire oublier notre malheur. A Dieu seul il appartient de tempérer l'amertume de nos regrets par la pensée du bonheur éternel réservé aux élus : et ta mère est de ce nombre.

Courage, chère Anna, soumettons-nous sans murmure aux impénétrables décrets de la providence, et vivons dans l'espoir de nous trouver un jour réunies dans le ciel à ceux qui nous furent si chers.

ALICE.

## XXI.

### LETTRE D'UNE SŒUR A SA SŒUR.

*(Lettre anecdotique.)*

**ARGUMENT.** — Le mauvais temps s'oppose aux promenades qu'Anna aime tant à faire dans la campagne. — La lecture est sa seule ressource pour s'occuper agréablement pendant ses longues heures de loisir. A ce propos, elle raconte à sa sœur un fait qui l'a pénétrée d'admiration. — Deux maçons, Pierre et Jean, travaillaient ensemble à la façade d'une grande maison. L'échafaudage qui les soutenait s'écroule tout à coup, et tous deux restent suspendus à une perche prête à se rompre sous le poids des deux corps vacillant à son extrémité. — Une seconde encore, et les deux infortunés vont se briser sur le pavé de la rue. « *Lâche*, dit Jean, *je suis père de famille !* » « *C'est juste*, répond Pierre, quittant la perche, *c'est à moi de mourir !* » — Le lendemain, Jean, sa femme et ses huit enfants, agenouillés sur la tombe du pauvre Pierre, priaient pour leur sauveur. — Le récit de sa généreuse action fut son oraison funèbre.

### DÉVELOPPEMENT.

CHÈRE SŒUR,

Depuis trois semaines bientôt que maman et moi nous habitons le château, le temps, il faut en convenir, ne nous a point été propice. Ce sont chaque jour des pluies torrentielles qui font de la campagne un vaste marais, et malgré notre bon vouloir, il nous serait difficile de prendre goût à la vie des champs dans de pareilles conditions ; c'est au point que nous retournerions près de vous, à Bordeaux, si nous n'avions l'espoir que l'époque avancée de la saison d'été amènera brusquement, et dans un court délai, un changement de température.

Tu comprends dès lors quel peut être notre genre de vie, et combien il nous est difficile d'en varier les détails. Il nous faut renoncer à ces excursions si divertissantes, que tant de fois nous avons tentées ensemble sans autre guide que notre caprice ou celui de nos montures, sans autre but que d'admirer la nature si riche et si féconde dans nos contrées, ou de crayonner en passant la pente accidentée d'une colline, les détours d'un chemin fuyant sous les arbres, le cours sinueux d'un ruisseau dans le vallon.

Nous voilà donc recluses en notre gîte, et La Fontaine l'a dit : Que faire en un gîte à moins que l'on ne songe! Le conseil, il est vrai, nous est tout à la fois doux et facile à suivre, et je juge inutile de te dire que notre bon père et toi vous faites l'objet de nos plus chères pensées. Notre plus vif regret c'est d'être séparées de vous pour quelques jours encore. Puissent-ils s'écouler rapidement, car nous brûlons du désir de vous embrasser !

La lecture de quelques bons livres, dont maman vient d'enrichir la bibliothèque, charme ici nos longues heures de loisir. A ce propos, voici un fait qui m'a pénétré d'admiration, et que j'emprunte à un précieux recueil de nouvelles morales que je parcours en ce moment.

L'histoire est véritable, et si j'entreprends de te la raconter c'est que je compte sur ton indulgence.

« Pierre et Jean, deux ouvriers maçons, travaillaient sur une belle maison qui s'élevait dans l'un des quartiers neufs de Paris. On en était au moment où les échafaudages, placés d'étage en étage, s'enlevaient pour découvrir aux regards du public la façade terminée. Il n'en restait plus qu'un seul; Pierre et Jean s'occupaient à le démonter. Tout à coup la dernière des planches qui les soutenait tourne sous leurs pieds et glisse dans la rue.

« Les deux malheureux poussent ensemble un cri de dé-

6.

tresse, qui est répété par la foule des spectateurs, témoins de leur horrible danger.

« C'en est fait de nous, dit Jean, nous sommes perdus! » et tous deux, tandis que l'échafaud s'écroule, s'attachent à la fois par les mains à une simple perche de la grosseur de l'avant-bras, qui sortait du mur d'environ huit pieds et qui avait servi à soutenir le plancher de l'échafaudage.

« Lorsque ces deux hommes s'y cramponnèrent, elle fléchit d'abord, puis se releva avec peine, mais lorsque les deux corps, vacillant à son extrémité, s'allongèrent en la chargeant de tout leur poids, la misérable perche plia, fit entendre un horrible craquement précurseur de la rupture, et la chute ne fut plus douteuse pour personne avant quelques secondes. Alors Jean, tournant un œil désolé sur son camarade : « *Lâche, Pierre!*... dit-il, *je suis père de famille!*... » — « *C'est juste!*... » répond Pierre!... et quittant la perche des deux mains, il tombe de quatre-vingts pieds sur le pavé de la rue...

« La foule entoure aussitôt ce corps broyé dans sa chute.

« Cinq minutes après, un homme d'un âge mûr, pâle et les traits renversés, arrive chancelant... il tombe à genoux devant le malheureux Pierre qu'il presse sur sa poitrine!...

« Le lendemain, on portait en terre l'infortuné maçon, à peine âgé de vingt-cinq ans, célèbre depuis la veille, et connu seulement par son trépas. Plusieurs centaines d'ouvriers suivaient son humble convoi.

« Au cimetière, on voyait huit enfants agenouillés près de la fosse avec une femme encore jeune, leur mère!... Elle priait avec ferveur, et portait tour à tour ses regards de son mari à la fosse, puis au ciel, puis sur sa nombreuse famille...

« Alors un homme se leva, c'était Jean, et d'une voix, d'un accent qu'on ne peut peindre, il raconta aux assistants la mort du pauvre Pierre!... Ce fut tout, il n'ajouta pas un mot au triste récit. Quelle oraison funèbre pouvait être plus éloquente!... »

C'est là, sans doute, un trait de haute vertu qui trouvera sa véritable récompense dans le ciel.

Maintenant que ma tâche est remplie, j'attendrai que tu m'apportes ton jugement sur cet essai épistolaire.

Maman et moi nous t'embrassons ainsi que notre bon père; dis-lui bien que nous souhaitons ardemment votre retour, qu'il ne nous laissera pas, je l'espère, trop longtemps désirer.

Ta sœur qui t'aime,

ANNA.

## XXII.

### LETTRE D'UNE AMIE A UNE AMIE.

*(Description d'une promenade dans les bois.)*

**ARGUMENT.** — Henriette raconte à son amie l'histoire d'une promenade dans les bois et ses résultats imprévus. — Une société a résolu de passer le dimanche à la campagne. — On dîne sur l'herbe, et chacun fournira sa part des provisions de bouche. — L'un des convives a voulu ménager une surprise à ses amis, et le repas terminé, il tire de son paquet mystérieux du café en poudre, un filtre, une bouilloire, plus un flacon de cognac. — Mais il faut allumer du feu, et le Code forestier s'y oppose, c'est pourquoi la troupe joyeuse comparaît aujourd'hui devant le tribunal correctionnel qui condamne chacun des prévenus à vingt francs d'amende.

### DÉVELOPPEMENT.

CHÈRE AMIE,

Le triste hiver a disparu, et voici qu'avril nous revient, ramenant avec lui les doux rayons du soleil, les tièdes zéphyrs, et un commencement de verdure. Les oiseaux, longtemps blottis sous d'autres cieux, sont enfin de retour, et nous égayent déjà de leurs joyeuses chansons. Le laboureur quitte le coin du feu et retourne aux champs; l'heureux citadin jette là le manteau pesant, et court hors barrière, prendre sa part de soleil. Mille parties s'organisent ; et chacune est marquée par quelque joyeux incident.

Je veux, à ce propos, te raconter un fait qui a beaucoup amusé le canton. Un brave épicier, de concert avec sa femme et quelques amis, songeait depuis longtemps à une partie de bois. C'était depuis le commencement de l'hiver. Le projet avait eu le temps de mûrir ; mais enfin le jour était venu de le mettre à exécution. A l'heure dite les convives sont au logis, chacun apporte son écot : la dinde a été rôtie par madame Chaffaroux, la veille au soir ; le pâté est acheté de très-bonne heure par monsieur. Le voisin Gondot arrive avec des bouteilles, le voisin Charret vient porteur d'un paquet mystérieux, qui jouera le rôle de la surprise ; un dernier voisin fournit sa voiture. C'est dimanche, le soleil brille, pas un nuage au ciel ; partons pour la campagne, nous nous amuserons bien. Promenons-nous dans les bois !

La tapissière allait bon train, la société était à la fois joyeuse et impatiente d'arriver ; mais où ?... ce n'était certes pas devant le tribunal correctionnel, où elle arrive aujourd'hui !

Voici l'histoire de cette partie de campagne et de ses résultats.

Promenades sur les tapis de gazon, sous les voûtes de verdure, jeu des quatre coins, etc., etc., et ainsi de suite jusqu'au dîner. On avait choisi pour salle à manger une charmante clairière bien entourée de ses murailles d'ombrages. On était à cent lieues du monde et de ses sottes recherches de luxe. Les feuilles pour serviettes, les doigts pour fourchettes, le papier pour assiette, un verre pour trois : voilà le bonheur !

— « Voilà ma surprise ! » s'écria le voisin Charret, quand on eut mangé le dessert, et il tira du paquet mystérieux soixante grammes de café en poudre, un filtre et une bouilloire, plus un flacon de vieux cognac.

Il n'y avait plus qu'à faire du feu soi-même comme Robinson Crusoé ; quel plaisir ! — Et les enfants de ramasser du bois mort et de l'entasser. M. Gondot verse l'eau, M<sup>me</sup> Chaffaroux bat le briquet, la flamme pétille, l'eau bout, le café infuse, on le prend ! il était délicieux !

Et voilà pourquoi Gondot, Chaffaroux et Charret comparaissent devant le tribunal correctionnel, qui les condamne à chacun vingt francs d'amende par application d'un article du Code forestier, qui défend de porter ou d'allumer du feu dans l'intérieur et à la distance de deux cents mètres des bois et forêts.

Le voisin Charret qui voulait surprendre les autres, paraît fort surpris à son tour.

Tu me demandais des nouvelles, chère amie, celle-ci m'a paru assez divertissante et je m'en suis emparée pour répondre à tes désirs. Je dois l'avouer, je m'en suis fort amusée, suivras-tu mon exemple ! je l'ignore. Pour moi, qui n'ai point oublié que la moitié des gens en ce monde rit de l'autre moitié, je me range de préférence du côté des rieurs quand je le puis faire innocemment.

Peut-être bien que ma prétendue théorie t'égaye à mes dépens, et me fait, à mon insu, passer de l'un à l'autre parti ; courage, chère amie, j'en rirai avec toi, et le plus parfait accord n'en régnera pas moins entre nous. Applaudis donc à ma belle humeur, et reçois ce baiser qui, je n'en doute pas, achèvera de gagner ma cause.

HENRIETTE.

## XXIII.

### LETTRE D'UNE JEUNE FILLE A SA SŒUR.

*(Une marraine de douze ans.)*

**ARGUMENT.** — Une jeune fillle de douze ans vient d'être marraine d'une petite cousine. — Elle communique à sa sœur les impressions qu'elles a ressenties. N'est-elle pas bien enfant encore pour remplir une mission si importante ? — Son attitude à l'église pendant la cérémonie. — Ses réflexions pendant le repas, où se trouvait réunie toute la famille. — Quels seront ses devoirs envers sa fillenle quand celle-ci sera grande. — Elle se montrera sévère ;

mais pourtant elle n'aime pas les enfants qui boudent ; elle satisfera donc tous les caprices de sa filleule? mais alors elle ne sera plus digne de la diriger. Le plus sage sera d'imiter sa propre marraine ; cet exemple la guidera désormais. — *Style simple.*

## DÉVELOPPEMENT.

### MA CHÈRE SŒUR,

Je suis marraine d'une petite cousine que le bon Dieu nous envoie ; c'est la fille de Madame ***, que tu as vue souvent à la maison, et qui m'a jugée assez grande pour remplir une mission si délicate. Comprends-tu que moi, si légère, si peu maîtresse encore de mes paroles et de mes actions, qui ai tant besoin des conseils et des réprimandes de nos parents, j'aie osé répondre de la piété d'une autre dans l'église, et promettre qu'elle ne désobéirait pas à Dieu! J'étais grave et sérieuse comme notre mère ; je me sentais émue et recueillie, et je formais mille projets pour cette enfant qui recevait le baptême. Il faudra que je surveille ma filleule, que je lui apprenne à aimer la religion, à chérir et à respecter ses parents et ses maîtresses, à faire le bien, à être charitable, à donner aux pauvres, qui sont les amis du Seigneur ; puis, quand elle saura parler et qu'elle viendra à la maison, elle m'appellera sa marraine ; et le premier jour elle me fera peur en vérité, car elle me rappellera de grands devoirs. Être marraine, cela ne veut pas dire, je pense, qu'on donnera seulement des dragées au nouveau-né, qui n'en mange pas ; qu'on fêtera sa bien-venue, qu'on présidera à ses plaisirs, qu'on achètera des jouets, qu'on habillera ses poupées, non ; cela veut dire que je l'adopte au nom de l'Église, qu'elle sera mon enfant, que je lui donnerai mes avis avec la permission de sa mère, que je devrai me hâter de grandir et de devenir raisonnable, afin de lui apprendre à l'être ; je ne veux pas être au-dessous de ma marraine, qui est si bonne pour moi, si attentive à ma conduite.

Pendant tout le repas où notre famille était réunie, j'ai été soucieuse et réservée comme une dame ; il me semblait que ma filleule était déjà une grande demoiselle de neuf ans ; je la menais à la pension, et je lui répétais les recommandations qu'on m'a faites quand j'y suis venue, et dont j'ai perdu tant de fois le souvenir. Si elle allait être étourdie comme moi, aimer mieux les récréations que l'étude, le dîner de sa marraine que celui du réfectoire ; si elle allait se fâcher quand je la gronderai ?... J'oublierai ce que j'étais, mes réprimandes seront sévères ; j'entends qu'elle pleure et qu'elle me demande pardon. Une marraine ne doit pas pousser l'indulgence jusqu'à la faiblesse, la complaisance jusqu'à l'incurie.

Tu vois, comme je suis folle! j'écris déjà un traité de morale, ennuyeux comme un gros livre, à l'usage de ma filleule. Décidément je la gâterai ; j'écouterai ses plaintes, je sécherai ses petites larmes, je satisferai ses caprices. Je n'aime pas les enfants qui boudent. Voilà qui est très-mal, n'est-ce pas? Je ne suis pas digne d'être marraine.

Parlons sérieusement. Il ne me convient pas de devancer l'avenir, et de dire aujourd'hui comment je m'acquitterai de mes devoirs; il suffit, je crois, de reconnaître les soins dont ma marraine m'a entourés et de relire les conseils que tu m'adresses dans tes lettres. Mes maîtresses les trouvent sages, et ma filleule les entendra dès qu'elle aura l'âge de la raison.

Ta sœur affectionnée.

# XXIV.

## UNE AMIE A UNE AMIE.

*(Couronnement de deux rosières.)*

ARGUMENT. — Elle raconte à son amie les nobles actions de deux jeunes filles couronnées rosières.

### DÉVELOPPEMENT.

CHÈRE AMIE,

Dimanche dernier, nous quittions Paris, mon père et moi,

et peu d'instants après, la locomotive nous avait transportés à Nanterre. Le pays n'a par lui-même rien d'extraordinaire, tu le sais comme moi ; aussi n'était-ce pas précisément l'amour de la belle nature qui nous y amenait. Une raison tout autre avait fixé le but de notre promenade : ce jour était celui de la *fête des Rosières*. La vertu, la piété, le dévoûment donnaient lieu à la solennité; c'était, en un mot, une fête religieuse.

Nous assistâmes à la cérémonie, dont les détails te sont connus sans doute ; aussi me bornerai-je à te parler des belles actions qu'on jugea dignes d'une couronne. Les voici :

Dans une fabrique, à Paris, il existe une coutume à laquelle tous les employés de la maison sont obligés de se soumettre : au bout de chaque semaine, pour les ouvriers, et de chaque mois, pour les commis, on prélève sur le salaire une retenue que l'on met en caisse, et quand l'un d'eux est malade on lui fournit sur ces fonds des secours en argent, les médicaments et les visites des médecins. Tous les trois mois, les comptes de la caisse sont liquidés, et le surplus de ce qui a été affecté aux dépenses des malades et qui s'élève toujours à une somme assez ronde, forme un lot qui est tiré au sort par tous les intéressés.

Dimanche dernier, ouvriers, ouvrières et commis, étaient réunis à la caisse de l'établissement pour procéder au deuxième tirage de l'année, dont le lot dépassait cent francs. Parmi les assistants, qui tous étaient endimanchés, on remarquait un vieillard fort misérablement vêtu, et dont l'air affligé contrastait avec la gaîté bruyante des autres spectateurs ; c'était le père C... qui, depuis trente ans, travaille dans cette maison. Or, comme ses forces diminuent de jour en jour, il ne gagne plus que fort peu de chose; de là l'état de misère dans lequel il se trouve.

A l'heure indiquée le tirage se fit, et le sort désigna comme bénéficiaire du lot trimestriel, mademoiselle X***, jeune fille de vingt-deux ans qui, depuis peu de mois seulement, est attachée à la maison. Aussitôt que le hasard eut prononcé, ce fut un murmure général ; les femmes, surtout, se récrièrent contre l'aveugle fortune, qui favorisait au préjudice des mères de famille, une jeune coquette dont les besoins étaient loin d'égaler les leurs.

Cependant mademoiselle X*** était allée toucher son argent à la caisse, et ne pouvait entendre les mille petites méchancetés que lui valait sa réussite; mais à son retour, les plaintes et les récriminations cessèrent soudain, lorsqu'on la vit remettre la somme au pauvre vieillard, en lui disant : » Tenez, monsieur C..., vous êtes le plus âgé de nous; cette somme vous revient de droit. » Aussitôt les murmures se transforment en cris d'admiration, l'enthousiasme s'empare des spectateurs, et chacun d'eux s'engage par écrit, séance tenante, à laisser désormais au pauvre vieillard la somme trimestrielle. Pour lui, que la généreuse initiative de la jeune fille constitue titulaire d'une rente viagère de plus de un franc par jour, son émotion était si grande qu'il ne pouvait exprimer son bonheur que par des larmes. — L'autre trait est celui-ci :

Marie compte à peine dix-huit ans, et depuis longtemps elle est le seul soutien de sa mère infirme. Son travail est pénible et mal rétribué, mais son courage ne se laisse pas si facilement abattre par les obstacles. Si de longues veilles ont pâli ses joues, sa mère du moins a vécu à l'abri de la misère.

Touché d'un si bel exemple de piété filiale, un honnête artisan l'a aimée, il a obtenu sa main, et le mariage doit bientôt consacrer leur union.

Mais pour les nobles cœurs, le dévoûment ne connaît point de bornes; la conscience d'une bonne action apporte avec elle l'oubli du sacrifice. Marie n'a pu voir, sans émotion, la détresse d'une pauvre veuve et de ses enfants orphelins ; une mort violente a frappé le chef de la famille, la maladie et la faim ont envahi son foyer, il faut un prompt secours. Marie n'a point d'économies qu'elle puisse offrir à ces infortunés.

Devra-t-elle donc les abandonner! non, car, si l'argent lui manque, son cœur, du moins, ne lui fera pas défaut, et s'il faut couper et vendre sa belle chevelure pour donner du pain aux malheureux, elle n'hésitera pas. A cette heure ils en ont reçu le prix, et leurs bénédictions ont suivi la généreuse enfant au pied de l'autel. Heureux l'époux d'une telle épouse!...

En admirant une conduite si belle, on se plaît à reconnaître qu'elle est digne de cette récompense publique ; et cette institution, qui couronne la vertu modeste et la montre au grand jour, est un bienfait pour la société qu'elle moralise en lui donnant l'exemple des sentiments nobles et désintéressés, dont la religion seule porte et développe le germe dans nos cœurs.

Je t'embrasse.

# XXV.

## LETTRE D'UNE MÈRE A SA FILLE.

*(Sur la charité.* — Tradition tyrolienne.)

**ARGUMENT.** — Une mère exprime sa satisfaction à son enfant en apprenant qu'elle a distribué aux pauvres l'argent destiné à ses menues dépenses. — L'aumône est sœur de la prière, et la religion nous en fait un devoir ; et pourtant, que d'hommes dont le cœur n'est point ému à la vue des misères du prochain ! Ils ont de l'or, mais c'est pour satisfaire leur vanité et non pour secourir les malheureux. — Tradition tyrolienne. — Une châtelaine, chevauchant entourée de ses écuyers et de ses pages, rencontre une mendiante portant sur son sein un jeune enfant à peine vêtu, malgré la rigueur de l'hiver. La mère désolée demande à la noble dame un lambeau de toile pour couvrir son fils. Un sourire de mépris est sa réponse, et, détachant une pierre d'un rocher voisin, elle la jette à la pauvre femme. La vengeance céleste ne se fait pas attendre, et la châtelaine est métamorphosée en pierre.

## DÉVELOPPEMENT.

### MA CHÈRE ENFANT,

Ce que je viens d'apprendre de ta conduite est vraiment digne d'éloge, et j'ai à cœur de ne pas me montrer moins empressée à t'encourager à bien faire qu'à te reprendre, alors que tu me parais manquer à tes devoirs.

L'excellent emploi du peu d'argent que j'avais destiné à
tes menues dépenses, et que tu viens spontanément d'offrir
à ton confesseur pour le répartir entre ses pauvres, dénote
chez toi une âme sensible, et cette pensée me rend bien heureuse. Jésus-Christ, mon enfant, a fait de la charité l'obligation, en quelque sorte unique, du christianisme : « Celui,
dit-il, qui aime son prochain comme lui-même, accomplit la
loi. Aimez-vous les uns les autres comme je vous ai aimés, »
telle a été sa dernière parole à ses disciples. L'exemple,
chez lui. se joignait toujours au précepte. Et n'est-ce pas là
le vrai bonheur? Quoi de plus doux au cœur que la conscience
d'une bonne action! Ce sentiment de généreuse pitié dont on
se sent ému à la vue des douleurs et des misères de ses semblables, donne seul du prix à l'aumône qu'on fait aux malheureux; et, à ce titre, le denier de la veuve sera compté.

Riche, donnez beaucoup; pauvre, donnez encore. Telles
sont les maximes que nous dicte la religion. Suivons-les
donc, mon enfant, et Dieu nous bénira. Donnons, l'aumône
est sœur de la prière; donnons, ce que l'on donne sur la
terre nous fait une richesse dans le ciel; donnons, afin que,
contre tous nos péchés, nous ayons la prière d'un mendiant
puissant dans le ciel. Et pourtant, que de grands seigneurs
qui s'empressent d'ouvrir une allée dans une forêt, de soutenir des terres par de longues murailles, de dorer leurs pla-
fonds, de faire venir dix pouces d'eau dans leurs parcs, de
meubler une orangerie; s'agit-il de rendre un cœur content,
de combler une âme de joie, de prévenir d'extrêmes besoins
ou d'y remédier, leur générosité ne s'étend pas jusque-là.

L'horreur que doit inspirer cet égoïsme repoussant, se retrouve dans cette tradition tyrolienne :

Sur la cîme d'une montagne escarpée, se trouvait un jour
une pauvre mendiante assise à l'écart : un enfant, pâle et
amaigri, sommeillait sur son sein ; pour le garantir du souffle
glacé de la bise, la tendre mère le tenait enveloppé dans un
lambeau du vêtement qui la couvrait elle-même ; de grosses
larmes tombaient de ses yeux en contemplant le cher fardeau
qu'elle berçait doucement dans ses bras. Tout-à-coup, le bruit

d'une joyeuse cavalcade frappe son oreille; c'est la noble châtelaine qui, chevauchant entourée de ses écuyers et de ses pages, parcourt ses vastes domaines. « Tout cela, dit-elle au brillant cortége, tout cela m'est échu en héritage; de nombreux vassaux obéissent à mes volontés; vraiment, il ne me manque que le manteau de pourpre, pour régner en souveraine sur ces lieux. »

La pauvre mendiante a entendu ces paroles : elle se jette aux pieds de la dame éblouissante de pierreries, et, lui tendant son enfant : « Pitié, dit-elle, pour son jeune âge! faites-moi l'aumône du moindre morceau de toile pour envelopper son petit corps engourdi par le froid.

« Es-tu folle, réplique la châtelaine, de me demander un vil tissu de lin! Où le prendrais-je, moi qui ne porte que des étoffes de soie, de velours et d'or! » Et, détachant une pierre du rocher voisin, elle la tend, avec un rire moqueur, à l'infortunée qui implore sa charité.

« Ah! puisse le ciel, s'écrie alors la pauvre mère, te changer toi-même en une pierre aussi dure que ton cœur! »

Elle avait dit, et déjà le Dieu vengeur avait frappé l'impie; le vœu de la mendiante était exaucé.

Ce qui n'est ici que fiction, deviendra réalité pour plus d'un, crois-le bien; car, dans l'autre vie, l'homme dont le cœur n'aura point connu la pitié, trouvera à son tour un juge impitoyable.

C'est donc à toi, chère enfant, de ne jamais te départir de tes bons principes. C'est ainsi que tu feras tout ensemble ton bonheur et celui de ta mère, qui t'embrasse tendrement.

## XXVI.

### LETTRE D'UNE AMIE A UNE AMIE.

*(Appel fait au cœur.)*

**ARGUMENT.** — Une dame écrit à son amie pour réclamer son concours en faveur d'une ancienne compagne de pension, aujourd'hui malheureuse et sans ressources. — Comptant sur la fortune de son père, elle a négligé d'acquérir de bonne heure des connaissances utiles et l'habitude du travail, dont une triste expérience lui prouve, mais trop tard, la nécessité. Toutefois, son repentir est sincère ; ce sera donc faire une bonne œuvre, que d'encourager cette infortunée dans la voie nouvelle qu'elle se propose de suivre.

## DÉVELOPPEMENT.

MA CHÈRE AMIE,

Il y a quelques jours, j'étais sortie d'assez bonne heure pour faire quelques emplettes, et je venais de rentrer, lorsqu'on me prévint qu'une personne bien connue de moi, et qui cependant refusait de se nommer, s'était déjà présentée pendant mon absence, et insistait de nouveau pour me voir. Le fait me parut étrange, et j'aurais en vain cherché à m'expliquer le mystère dont s'entourait la visiteuse. La faire introduire était le plus simple. A peine mon invitation lui fut-elle transmise, que je vis paraître une femme, jeune encore, mais dont la souffrance avait altéré les traits. Il y avait bien dans le son de sa voix certaines inflexions qui ne me semblaient pas complétement étrangères : c'étaient toutefois de trop vagues indices pour m'aider à rappeler mes souvenirs ; je laissai donc ce soin à mon inconnue. Elle s'excusa d'abord d'être ainsi venue à moi sans que rien en apparence pût l'y autoriser, aussi bien que du silence qu'elle avait gardé sur son nom et sur le but de sa démarche. L'air de distinction que je remarquai chez elle, joint à l'élégance de sa diction, contrastaient au plus haut point avec une mise, dont l'extrême simplicité touchait de près à l'indigence. Il n'y avait plus de doute pour moi : cette personne n'avait pas toujours fait partie de cette classe de la société où son extérieur misérable semblait la placer ; elle était une des nombreuses victimes de l'inconstante fortune, et je me sentais déjà toute disposée à la plaindre. C'est un sentiment si naturel que celui de la compassion ! Il est si doux, quand on le peut, de sécher quelques larmes ! Mais quelle ne fut pas ma surprise en entendant ces paroles : « De longue date, me dit-elle, je suis connue de vous : le même toit abrita nos jeunes années ; nous eûmes les mêmes maîtres, et d'eux nous reçûmes les mêmes leçons et les mêmes soins. Plût au ciel que nous eussions également suivi la même direction ! Laborieuse et appliquée, vous avez recueilli le prix de votre assiduité ; devenue femme, vous avez apporté dans le monde des connaissances utiles et l'habitude du travail, et si jamais, comme à moi, le sort vous est contraire, vous trouverez en vous des ressources certaines et le courage pour le combattre. Dans mon insouciance, au contraire, j'ai fermé l'oreille aux sages conseils qu'on ne se lassait point de me prodiguer, et j'opposais l'inertie la plus rebutante aux efforts de ceux qui voulaient mon bien. L'étude, pour moi, c'était l'ennui ; et je ne rêvais que distractions et plaisirs. D'ailleurs, qu'avais-je besoin de m'astreindre au travail ! Fille d'un riche armateur, un avenir brillant m'était réservé, et bien que je ne fusse alors qu'une enfant, j'étais flattée, dans mon orgueil, de me sentir enviée ; et, dans les rêves de mon oisiveté, je laissais mon imagination poursuivre à son gré mille fantômes d'opulence et de grandeur. Pauvre insensée ! je n'avais pas songé que, soulevée par la tempête, la mer pouvait engloutir à jamais toutes mes richesses. Je m'étais endormie dans ma folle sécurité, mais hélas ! qu'il fut cruel mon reveil, et de combien de larmes j'ai payé ces joies fugitives ! Au luxe de la veille succédèrent tout-à-coup les angoisses de la misère : la ruine de ma famille et la mienne était consommée. C'est alors que nous vîmes s'écouler bien vite ce flot de faux amis dont naguère encore nous étions entourés ! Mais lorsque tout le monde m'abandonne, quelque chose me dit que vous, du moins, vous me tendrez la main. Ah ! Camille, s'écria-t-elle, en fondant en larmes, tu ne repousseras pas ta malheureuse compagne ! Le pain qu'elle te demande, elle le gagnera par son travail ; et, s'il est vrai qu'aux yeux de la religion un repentir sincère rachette les plus grandes fautes, tu ne te souviendras de mon passé que pour me plaindre et non pour m'accabler »

Voilà où notre pauvre amie en est réduite : et tu penses si

j'ai pu hésiter un seul moment à lui ouvrir mes bras. Depuis ce jour elle est chez moi, laborieuse et assidue autant qu'elle était insouciante et désœuvrée. J'ai à cœur, pour ma part, de lui rendre sa position aussi douce qu'il est possible, et, en la faisant ma dame de compagnie, j'ai voulu lui donner moins une maîtresse qu'une amie. Si je t'ai donné tous ces détails, c'est que je te sais complétement dévouée, et que tu ne voudras pas négliger de concourir à une bonne œuvre. Encourageons donc cette infortunée dans la voie nouvelle que je suis si heureuse de la voir suivre, et dont, par nos soins, elle ne s'écartera plus.

Avant de connaître ta réponse, je te remercie de ton généreux concours, sur lequel, je le sais, il m'est toujours permis de compter.

Ton amie.

# XXVII.

## LETTRE D'UNE FILLE A SA MÈRE.

*(Les fauvettes prisonnières.)*

**ARGUMENT.** — Mélanie annonce à sa mère l'heureuse influence de l'air de la campagne sur sa santé. — Elle ne se ressent presque plus des suites de sa grave et longue maladie. — Elle est maintenant en pleine convalescence. — Les bons soins dont sa tante l'entoure hâteront, sans nul doute, sa guérison. — Combien ne lui devra-t-elle pas de reconnaissance! etc. — En allant chaque jour s'asseoir au jardin, sous les tièdes rayons du soleil de printemps, elle a observé avec soin un couple de fauvettes, dont elle a étudié les mœurs. — Construction du nid, incubation, éclosion des œufs, sollicitude des parents pour leur jeune famille. — Cependant Mélanie ne peut se contenter de voir ces charmants oiseaux sans les posséder; elle satisfait son désir. — Depuis trois semaines, quatre jolies fauvettes occupent le plus agréablement du monde tous ses loisirs. — *Style élégant et gracieux.*

## DÉVELOPPEMENT.

MA CHÈRE MAMAN,

L'amélioration sensible de ma santé prouve bien évidemment l'excellence des conseils de notre bon docteur. L'air, à la fois si vif et si pur de la campagne, m'a fait le plus grand bien, et déjà je ne ressens plus cet affaiblissement général de tout le corps, qui est la suite inévitable d'une longue maladie. Peu à peu j'ai retrouvé mes forces et je me sens revivre d'une vie nouvelle. Mais je n'ai point oublié tes mortelles inquiétudes, et tes veilles longtemps prolongées à mon chevet ; et si je remercie le bon Dieu de ma guérison, c'est parce qu'il me conserve à ton amour, que ma reconnaissance ne saurait jamais égaler. Ai-je besoin de te dire aussi de quelle tendre sollicitude je suis l'objet en ce moment, et de quels soins, de quelles prévenances ma chère tante se plaît à m'entourer. A ses yeux, je ne suis pas seulement la fille d'une sœur bien-aimée, je suis plus encore, je suis sa propre enfant, et si je ne devais être séparée de toi, je verrais presqu'à regret les progrès rapides de ma convalescence, tant il me sera pénible de quitter avant peu celle que je pourrais nommer ma seconde mère.

Pendant tout le premier mois de mon séjour ici, j'allais chaque jour, à l'heure de midi, m'asseoir au jardin sous les tièdes rayons du soleil ; sa bienfaisante chaleur ranimait tout mon être, et mes joues pâlies reprenaient un moment leur léger incarnat. La promenade m'était interdite ; mes jambes, trop faibles encore, me soutenaient à peine ; il fallait bien me résigner à attendre pour satisfaire ce désir si naturel, et que rendait plus vif encore le riant aspect de la nature. On était à la fin de mai : les marronniers aux blanches aigrettes m'invitaient à venir sous leur ombrage ; les fleurs fraîches écloses m'appelaient pour respirer leurs parfums ; mais en vain je les convoitais du regard ; en vain j'aurais tenté d'arriver jusqu'à elles.

Ne crois pas, toutefois, que mon esprit, comme mon corps, soit resté dans l'inaction : la vue de cette riche végétation était pour moi pleine de charmes, et j'en observais avec soin les rapides progrès. J'aimais à prêter l'oreille aux mille chansons des petits oiseaux ; je me plaisais à les suivre dans leur vol, sous l'épaisse ramée. C'est ainsi que je vins à découvrir

un nid de fauvettes qui, dès lors, fixa toute mon attention.
J'assistai à la construction du frêle édifice où l'heureux couple apportait à l'envi les matériaux; c'étaient d'abord des ti-
gelles flexibles, recueillies çà et là dans les allées du jardin;
puis des brins d'herbe destinés à former les parois; puis de
la mousse et du duvet pour garnir l'intérieur, que je voyais
s'arrondir en forme de panier. Alors, chère maman, je me re-
portais tout naturellement à ce temps où, jalouse de te réser-
ver à toi seule les soins qu'exigeait ma faiblesse, tu prépa-
rais aussi mon berceau, avec la même sollicitude, avec la
même tendresse maternelle; où tu me berçais de tes chansons, où tu souriais à mon sommeil! Bientôt la mère déposa
ses œufs. Longtemps je la vis, immobile, les réchauffer sous
ses plumes, avec une constance admirable, tandis que son
fidèle compagnon veillait à ses besoins. La jeune famille vint
à éclore; de quels tendres soins les deux parents entourèrent
ces petits êtres, les couvrant de leurs ailes, pour les préser-
ver du froid, leur apportant une nourriture choisie, que souvent ils dégorgeaient de leur gosier après l'avoir à moitié di-
gérée, pour la rendre plus facile à leur estomac délicat. Je
les voyais aussi guider leurs premiers pas, leur apprendre à
se servir de leurs ailes, et, lorsqu'un danger les menaçait,
déployer pour les sauver autant de courage que de dévoûment; on pourrait presque dire d'intelligence.

«Voir, c'est avoir, » je l'ai ouï dire souvent; et pourtant, ce
n'était pas assez pour moi d'observer les mœurs si intéressantes de ces charmants oiseaux; j'aurais voulu les tenir en
mon pouvoir, leur donner mes soins et mes caresses, les
voir sans crainte voltiger autour de moi. Chaque jour aug-
mentait mon impatience; et bientôt je mis mon projet à
exécution. J'épiai donc tous les mouvements du père et
de la mère : le moment favorable était enfin venu; et,
profitant de leur absence, je m'approchai avec précaution
du buisson où le nid était caché; mon cœur battait plus
fort... ma joie était à son comble... j'emportai la jeune cou-
vée. Plusieurs semaines se sont écoulées depuis, et voilà
comment quatre jolies petites fauvettes occupent aujourd'hui

tous més loisirs, et remplissent ma chambre de leur joyeux gazouillement. Au surplus, bonne mère, à ton prochain voyage, je te ferai juge de leur gentillesse.

Je t'embrasse tendrément.

Ta fille,

MÉLANIE.

# XXVIII.

## RÉPONSE DE LA MÈRE.

**ARGUMENT.** — Satisfaction de la mère en apprenant la convales-. cence de sa fille. — Dette de reconnaissance qu'elles ont contractée l'une et l'autre envers la tante de Mélanie. — En félicitant sa fille d'avoir cherché dans la contemplation de la nature d'utiles et d'intéressantes distractions, la mère arrivera insensiblement à parler des oiseaux que la jeune Mélanie a faits prisonniers. — Se jouer de la souffrance des animaux, c'est faire preuve d'un mauvais cœur. (Développer cette idée.) — Lois sévères des anciens. — L'aréopage condamne à mort un enfant qui, de gaîté de cœur, avait crevé les yeux à des cailles. — Conclusion. — Mélanie rendra la liberté à ses fauvettes.

## DÉVELOPPEMENT.

MA CHÈRE ENFANT,

J'ai reçu ta lettre avec une bien vive satisfaction, car, dès maintenant, il m'est permis de croire à ton prochain rétablissement. Les sages prescriptions du docteur, et surtout le dévoûment et la sollicitude de ta bonne tante, ont amené ces heureux résultats. Aussi, j'aurai, comme toi, à m'acquitter envers elle d'une bien grande dette de reconnaissance. Avec raison, tu l'as nommée ta seconde mère. Les soins qu'elle t'a prodigués t'ont conservé la vie; l'enfant de sa sœur est devenu le sien, et le souvenir de sa sollicitude ne s'effacera jamais de mon cœur. Je regarde donc comme le plus saint de tes devoirs l'affection que tu lui as vouée, et je ne crains pas que jamais elle se démente dans l'avenir.

Tu m'as parlé de l'emploi des loisirs que te permet ta convalescence, et je suis la première à comprendre la nécessité des quelques distractions que tu as recherchées, dans l'impossibilité où tu te trouves de te livrer à tes anciens travaux. Le jardin de ta tante pouvait t'être, en effet, d'une grande ressource, et l'intérêt que je te vois prendre au spectacle de la nature si belle, si riante en cette saison, n'a rien que de bien naturel. L'éclat des fleurs, la richesse et la diversité du feuillage, tout, à la fois, s'offre à nos yeux. Mais tout cela nous semblerait moins frais, moins touchant, sans les nouveaux hôtes qui viennent les habiter. Prêter l'oreille à leurs chansons, étudier leurs mœurs, me semble, comme à toi, plein d'attrait. Tu n'as pu voir, me dis-tu, avec indifférence cet amour instinctif des parents pour leur jeune famille; et cependant, juge de ton inconséquence; tu n'as pas hésité à les en priver, dans le seul but de satisfaire le caprice du moment; tu as arraché les petits à leur mère, parce que c'était ton bon plaisir? La crois-tu donc insensible à leur perte, parce que tu n'as pas entendu ses cris plaintifs, parce que tu n'as pas vu son désespoir quand elle retrouva son nid désert?

Pourrais-je demeurer indifférente, si, comme elle, je me trouvais un jour séparée de mon enfant; si ma fille, que depuis sa naissance j'ai entourée de tant de soins et de sollicitude, que j'ai vue grandir au milieu de mille anxiétés par lesquelles s'accroît encore l'amour maternel, si ma fille, ma seule joie, ma seule espérance, était à jamais perdue pour moi? N'as-tu donc pas songé à ces regrets, à cette douleur, la plus grande de toutes? En t'emparant de ces oiseaux, ton désir était de les élever, et de leur donner tes soins et tes caresses. Sont-ils donc bien à plaindre? Ils ne manquent de rien : le miel et les gâteaux leur sont prodigués. Mais encore, mon enfant, si doux que puisse être leur esclavage, égalera-t-il jamais pour eux la liberté sous l'aile maternelle? Vois les efforts de ces pauvres oiseaux pour s'échapper de la cage où tu les tiens captifs; ils te disent assez que l'espace est leur domaine. Dieu veut qu'ils peuplent les airs.

Se jouer de la souffrance des animaux, c'est faire preuve de mauvais sentiments. Chez les anciens, des lois sévères punissaient ce plaisir cruel. C'est ainsi que l'aréopage condamna à la peine de mort un enfant qui, de gaîté de cœur, s'était amusé à crever les yeux à des cailles.

Tu es bien éloignée, sans doute, de commettre une pareille action; assurément, tu serais la première à la réprouver. Ce que je te reproche, c'est donc ton irréflexion. Déjà, peut-être, tu la regrettes; et, s'il est vrai que tu les aimes, tu délivreras tes charmants prisonniers. Je l'attends de ton bon cœur.

Ta mère affectionnée.

# XXIX.

## LETTRE D'UNE AMIE A UNE AMIE.

### *(Le revenant.)*

**ARGUMENT.** — Une jeune fille parle à son amie des croyances superstitieuses accréditées chez les paysans du Berri, et s'en amuse. — Il paraît étrange que des hommes, courageux au besoin, croient à l'existence des fantômes, des revenants, etc., et tremblent à la pensée de se trouver en leur présence. — Motif de cette terreur. — L'instruction, aujourd'hui généralement répandue, fera disparaître tout ce vieux monde de traditions grossières et extravagantes. — Récit d'une aventure plaisante où le revenant, longtemps redouté, n'est autre qu'un gros chien de basse-cour qui, toutes les nuits, vient chercher dans l'écurie un abri contre les injures de l'air.

DÉVELOPPEMENT.

CHÈRE AMIE,

Le temps des gnomes, des farfadets, des revenants, est passé, me disais-tu; je le pensais aussi comme toi il y a huit jours au plus, et pourtant il n'en est rien. J'avais cru qu'ils n'existaient que dans nos vieilles légendes; je me trompais. Nos bons paysans du Berri n'entendent pas raillerie sur ce point, et tous mes beaux raisonnements ne sauraient ébranler leur conviction. Ils croient à des apparitions nocturnes, des visions mystérieuses, qui remplissent de terreurs les plus intrépides ; et ils me rappellent en cela les anciens qui, après avoir bravé la mort sur un champ de bataille, tremblaient en écoutant les prédictions d'une sibylle, en voyant un objet de mauvais augure.

En effet, les prêtres chargés du soin de prendre les *auspices*, formaient un collége qui joue un grand rôle dans l'histoire romaine, car, d'après une loi de Romulus, rien d'important ne se faisait qu'on ne les eût consultés. La foi dans ces superstitieuses prédictions fut de bonne heure ébranlée. On connaît la conduite impie de Claudius Pulcher qui, mécontent de leurs présages, fit jeter à la mer les poulets sacrés, disant de les faire boire puisqu'ils ne voulaient pas manger. Cicéron disait qu'il ne comprenait pas que deux augures pussent se rencontrer sans rire. Aussi Annibal se moquait-il avec raison du roi Prusias, qui prenait plus de soin de consulter les entrailles d'une génisse que ses plus habiles généraux.

Il ne manque pas d'hommes dans nos campagnes qui, pour vous sauver d'un danger, exposeront leur vie sans hésiter, et qui, la nuit venue, trembleront au bruit du feuillage agité par le vent ou à la vue d'une ombre ou d'une lumière, quand la lune luit dans le ciel. C'est que la terreur n'est jamais plus profonde que quand l'objet en est vague et la cause mystérieuse, parce que l'on juge ce que l'on connaît avec sa raison, et ce que l'on ne connaît pas avec son imagination.

L'instruction, de nos jours si répandue, a déjà bien affaibli ces croyances superstitieuses, qui, peu à peu, disparaîtront entièrement, et surtout en présence de faits comme celui que je vais te raconter, et qui ne date que d'une semaine environ.

Le temps était pluvieux, et de violentes rafales agitaient avec force les vitres d'une salle basse de la ferme où se trouvaient rassemblés nos gens de service ! On riait, on débitait des histoires, des nouvelles, des riens, lorsque tout à coup la tournure de la conversation changea : quelqu'un avait prononcé les mots de fantômes, d'apparitions ; aussitôt le petit groupe de se resserrer, et les voix de perdre de leur éclat. On parlait presque bas, et comme si chacun eût craint d'évoquer ces esprits malfaisants. Mais au récit du valet d'écurie, gros garçon de vingt ans, dont le visage pâle et soucieux trahit l'effroi, la panique générale est à son comble. Toutes les nuits, dit-il, un fantôme vient le visiter et ne disparaît qu'aux premiers rayons du jour; voilà pourquoi il a déserté la soupente où son lit était placé.

Ce soir-là, un militaire, traversant le village, était venu demander asile à la ferme. En écoutant ses hôtes, seul il avait fait preuve d'une inconcevable incrédulité, et même ses sarcasmes moqueurs avaient assez mal disposé pour lui le reste de l'auditoire. Bah! dit-il, je veux voir le fantôme! Et s'adressant au narrateur ébahi, je prends votre lit pour cette nuit, mon brave, veuillez-m'y conduire. Les uns, s'effrayent de sa témérité, et veulent l'en dissuader; les autres, qui ne seraient pas fâchés de rire aux dépens du fanfaron, le laissent faire à sa guise. Peu d'instants après notre militaire dormait profondément. La nuit était déjà très-avancée, lorsqu'un bruit étrange l'éveille en sursaut; la lucarne de l'écurie vient de s'ouvrir; un être, que l'obscurité l'empêche de voir, s'avance d'un pas lourd et fait entendre un long gémissement. Il interroge l'apparition, point de réponse. Nouvelle question, même silence; mais, en étendant la main, il saisit deux longues oreilles velues qu'il n'a garde de laisser échapper; il va connaître la nature de son prisonnier, auquel son imagination prête déjà malgré lui mille formes fantastiques. Toutefois, l'aube paraît, et il distingue son étrange ennemi. Quel est-il? Un gros chien de basse-cour, animal très-pacifique, qui vient parfois s'abriter contre les injures de l'air.

— On en a beaucoup ri; en sera-t-on moins crédule?

## XXX.

## LETTRE D'UNE AMIE A UNE AMIE.

*(Le printemps à la campagne.)*

**ARGUMENT.** — Dans cette lettre, une jeune fille s'efforce de combattre l'aversion d'une amie pour la vie champêtre. Le printemps est revenu. — Description. — Le moment est propice pour l'engager à venir la rejoindre dans ses belles montagnes de l'Auvergne. — Nul doute qu'elle n'opère sans difficulté la conversion de la dédaigneuse citadine. — L'hospitalité lui est offerte, elle ne la refusera pas de son amie désireuse de l'embrasser après une longue absence.

## DÉVELOPPEMENT.

CHÈRE AMIE,

Avril touche à sa fin, et déjà, sous l'heureuse influence du printemps, la campagne, naguère si désolée, a repris un air de fête. Les bourgeons entr'ouverts laissent s'épanouir les feuilles des arbres ; un gazon frais couvre les prairies, et les sommets neigeux de nos montagnes d'Auvergne nous rappellent seuls les rigueurs de l'hiver.

Alors que j'habitais comme toi la grande ville, je ne croyais pas qu'il fût possible de renoncer à ses enchantements. Lui comparer les plaisirs du village, et trouver quelques charmes à cette vie tranquille et pourtant si remplie de douces émotions, me paraissait comme à toi une grossière hérésie. Combien mes goûts ont changé depuis ce temps, et combien ma naïve admiration pour la simple nature doit te paraître divertissante !

C'est pourtant bien vrai, chère amie ; je suis heureuse, oui, bien heureuse dans mon ermitage ; et, puisqu'il faut te l'avouer, en renonçant à mes habitudes premières, je n'ai d'autre regret que celui de ne t'avoir plus auprès de moi.

Mais j'ai bon espoir, et je ne doute pas d'opérer un jour ta conversion. Le moment est propice pour commencer mon œuvre; et si tu me tiens compte de la franchise avec laquelle je t'expose mes idées, bien agrestes, j'en conviens, tu viendras dès maintenant les combattre de vive voix. Ma réponse à tes arguments est toute prête : je te dirai en te montrant notre riante campagne : ouvre les yeux et vois.

Bientôt tu aimeras autant que moi la vie champêtre; bien que des goûts simples et primitifs ne soient plus de mode dans un siècle de scepticisme, tu as, je le sais, une âme trop sensible et un sens trop droit pour penser comme la foule.

Tu viendras donc. Ma mère et moi nous t'attendons, et nous t'avons à cet effet réservé une délicieuse petite chambre d'où la vue s'égare dans la campagne. Je l'ai jusqu'ici habitée moi-même, et je ne veux pas te laisser ignorer la raison de cette préférence.

Une hirondelle a, depuis deux années, fixé son nid à la fenêtre de cette chambre, et, toujours contente, je l'y vois revenir avec les beaux jours. Sa présence, assure-t-on, porte bonheur. Aussi, comme dit le poète,

> Nous partageons même toiture
> Et même pain.

Voilà, chère Elise, avec une affection sincère, ce que je puis t'offrir, si tu veux obliger ton amie. Tu ne différeras donc plus ton départ, je l'espère; et sous peu de jours tu viendras nous demander cette hospitalité que nous serons si heureuses de te donner.

D'ailleurs, rassure-toi : notre intention n'est pas de te tenir captive au-delà de la saison d'été; je sais qu'exiger de toi un plus long sacrifice serait abuser de ton bon vouloir : aussi me garderai-je bien de t'épouvanter à l'avance. Tu vois jusqu'où peuvent aller mes précautions oratoires, et avec quel soin j'écarte de ton esprit la crainte et l'hésitation qu'y ferait naître un éloge exclusif d'un genre de vie trop en désaccord avec tes goûts. Je veux croire que tu me tiendras compte de tant de ménagements, et que l'habileté de mes moyens sera bientôt couronnée d'un plein succès.

Maintenant, pardonne-moi ce griffonnage que d'autres, plus mal intentionnés, pourraient entacher d'un peu de satire ; mais je te sais si bonne, si indulgente, que tu ne chercheras dans ma lettre que la pensée qui l'a dictée, pensée toute d'affection pour toi. Je suis assurée que ta présence tiendra lieu de réponse, et ne me permettra pas le plus léger doute à cet égard.

Toute à toi.

# XXXI.

## RÉPONSE.

**ARGUMENT.** — Blanche reproche à son amie d'avoir pu supposer un moment que son aversion pour la campagne les a seule tenues si longtemps séparées. De graves intérêts ont empêché Blanche d'aller rejoindre son amie, et lorsque la lettre de cette dernière lui est parvenue, elle se disposait à se mettre en chemin. Dans peu de jours elles seront réunies. — A l'éloge de la campagne, que lui fait son amie, Blanche pourrait opposer celui de la capitale. — Développer. — Mais cela ne changerait en rien leurs préférences. — Blanche renonce donc à la discussion pour ne plus songer qu'au plaisir d'embrasser bientôt son amie.

## DÉVELOPPEMENT.

MA CHÈRE AMIE,

Je veux d'abord dégonfler mon cœur, et vous dire nettement que vous êtes une méchante. Eh quoi! peux-tu avec moi employer l'ironie ? Car ne va pas douter qu'en dépit de ce que tu nommes des précautions oratoires, je n'aie deviné ta pensée tout entière. Mais ai-je bien mérité les reproches que tu me fais, et n'est-ce donc que ma prétendue aversion pour la campagne qui nous a tenues si longtemps séparées? Tu ne saurais le supposer. Si pour une raison aussi frivole j'avais consenti à ne pas te voir, tu serais en droit de douter de mon attachement, qui pourtant est toujours le même, aussi sincère, aussi profond que le tien. Tu le vois, je suis sans rancune, et je te pardonne de m'avoir un moment méconnue. Outre la grande distance qui nous éloigne, de graves intérêts exigeaient ma présence, et j'ai dû, jusqu'à présent, renoncer à mon projet d'aller te surprendre au fond de tes montagnes. Je ne suis donc pas, hâte-toi de le reconnaître, aussi indifférente que tu sembles le croire ; et cette fois, plus que jamais, l'intention doit être comptée pour quelque chose.

Cependant, rien ne s'oppose plus à l'accomplissement de nos désirs, et, sans un retard imprévu, ta lettre serait arrivée ici après mon départ. Oui, chère amie, nous allons enfin nous revoir ! Mon petit bagage est préparé ; je n'attends plus que la fin de la semaine pour me mettre en chemin.

Tu te proposes, me dis-tu, d'opérer ma conversion, et le moment te paraît propice ; le retour du printemps t'assure de mon admiration en présence de cette nature féconde et pleine de séve ; la fraîcheur de ces beaux paysages parlera d'elle-même à mes yeux comme à mon cœur, et bientôt je comprendrai qu'on puisse renoncer aux carrefours tumultueux et privés d'air de la capitale, pour ces horizons pittoresques et ce calme poétique qui t'enchantent. Te ferai-je, à mon tour, l'éloge de la ville universelle, de mon Paris, que j'aime tant ! Quand je t'aurai fait ressortir ses merveilles, ses enchantements ; quand je te l'aurai dépeint comme le foyer des sciences et des arts ; quand j'aurai parlé de cette société la mieux policée du monde, de cette société qui est le véritable type des nations civilisées ; tout en reconnaissant les avantages incontestables de ce séjour, en aimeras-tu moins ton ermitage, tes grands bois et tes prairies ? J'en doute. Et moi, j'ai aussi mes préférences ; il faut bien que je l'avoue ; ce ne sont pas les tiennes. L'isolement dans lequel il faut vivre à la campagne, cette monotonie dans les habitudes si opposées à celles que je me suis faites, et puis enfin cette réclusion forcée pendant les mois si longs de l'hiver, sont pour moi des inconvénients réels. Mais je laisse là discussion, pour ne plus songer qu'au plaisir de me retrouver avant peu dans tes bras, et d'accepter l'hospitalité que tu veux bien m'offrir ; car, si nos goûts diffèrent, notre mutuelle sympathie n'en est pas moins toujours la même.

Je t'embrasse. A bientôt !

Ton amie,

BLANCHE.

## XXXII.

### LETTRE D'UNE AMIE A UNE AMIE.

#### (*L'hiver à la campagne.*)

ARGUMENT. — Zélie habite la campagne. Mais l'hiver est venu et la voilà recluse jusqu'au retour du printemps. Quelque regret qu'elle en éprouve, elle doit reconnaître la nécessité de ces changements de l'atmosphère. — Développer cette idée. — D'ailleurs oserait-elle se plaindre, quand rien ne lui manque pour se rendre la vie agréable et facile? — Développer. — Contraste des misères du pauvre pendant cette rigoureuse saison. — Conclusion. — C'est à ceux qui possèdent les biens de la fortune de secourir les malheureux. — Dans ce but elle fera un appel aux sentiments généreux de son amie, qu'elle n'hésite pas à inscrire la première sur une liste de souscription en faveur des pauvres.

### DÉVELOPPEMENT.

MA CHÈRE MARIE,

L'hiver est venu avec ses glaçons et sa froide bise : une épaisse couche de neige étendue sur la campagne ne nous permet plus ces longues et délicieuses promenades dont je t'entretenais naguère. Nous voilà recluses jusqu'au retour du printemps. Mais, tout en regrettant la disparition des beaux jours, la raison nous montre la nécessité de ces changements dans l'atmosphère si merveilleusement réglés. Dans cette saison rigoureuse, mais salutaire, les insectes, qui détruisent les moissons, périssent à leur tour; l'air est purifié de ces miasmes contagieux qui portaient souvent la mort au sein des populations; les hommes eux-mêmes retrouvent au milieu des froids de l'hiver la vigueur qu'ils avaient perdue sous les ardeurs de l'été. Ainsi, disons-le, l'hiver est un bien ; ou, du moins, c'est un mal nécessaire, et qu'il faut prendre en patience.

Abritées avec soin dans nos demeures, nous empruntons le secours de l'art et du luxe, pour nous rendre la vie plus commode et plus douce. Sommes-nous si à plaindre, nous qui, à vrai dire, ne nous apercevons du renouvellement des saisons que par celui de nos plaisirs !... Un vent furieux et glacé amoncelle les frimas au dehors, mais vient-il jamais fouetter notre visage ? Nous voyons ses tourbillons et ses rafales, mais le cristal épais de nos vitres nous défend de ses atteintes. Le temps est-il rigoureux, le thermomètre seul est chargé de nous l'apprendre ; un feu bien nourri pétille dans l'âtre, et nous voilà resserrant notre cercle autour de ses rayons bienfaisants. La causerie, la lecture, les travaux à l'aiguille remplissent les longues heures qui séparent le crépuscule de l'instant du repos.

Là ne se bornent pas nos goûts raffinés et notre insatiable désir de bien-être. Les fleurs qui flattaient nos regards ont disparu des jardins : qu'importe, nous les retrouvons dans nos appartements, aussi fraîches, aussi parfumées ; c'est le printemps au cœur de l'hiver. A peine le soleil s'est-il montré à l'horizon qu'il a disparu : eh bien, nous demandons à la nuit les heures qui manquent à nos plaisirs. Nos fêtes bien loin d'être interrompues se multiplient à l'envi ; la musique et la danse nous gardent leurs émotions.

Ainsi plongés dans un ravissement continuel, nous, les heureux du monde, avons-nous lieu de frissonner à ce mot, l'hiver ! Gardons-nous bien de proférer la plus légère plainte : dans notre bouche elle serait un blasphème.

Arrachons-nous un moment aux délices qui nous entourent, si tant est que nous en ayons le courage, et promenons nos regards autour de nous : à quelles scènes de désolation allons-nous assister ! Ah ! cette fois seulement nous sentirons notre sang glacé s'arrêter dans nos veines. Tandis qu'au sein de l'opulence tout flatte notre envie, la misère en haillons râle à notre seuil. Ce vieillard, épuisé par les souffrances plus encore que par l'âge, est là qui vous tend ses mains tremblantes et amaigries; cette pauvre mère tourne vers vous ses yeux suppliants et affamés; cet enfant demi-nu, expire sur son sein ! elle chante avec des larmes , et notre porte reste close !

Ah ! non, Marie, nous n'avons pas dans l'âme tant d'égoïsme, nous connaissons la pitié ! si Dieu nous a donné la fortune, c'est à nous de mériter ce bienfait en soulageant ceux qui souffrent, en secourant les malheureux.

Ma mère me charge de faire en son nom un appel à la générosité de ceux qui partagent ces sentiments; et je sais trop combien tu t'estimes heureuse de prendre l'initiative, quand il s'agit de faire une bonne œuvre, pour ne pas t'inscrire la première sur notre liste de souscription.

Je t'embrasse ,

ZÉLIE.

# XXXIII.

## RÉPONSE.

ARGUMENT. — La jeune Marie remercie son amie d'avoir tout d'abord jeté les yeux sur elle pour l'associer à une bonne œuvre; c'est lui donner une preuve d'estime et d'amitié. Marie comprend que la charité est un devoir sacré pour ceux qui seuls peuvent soulager les malheureux. — Développer cette idée. — En envoyant ses économies à sa compagne elle s'applaudit de n'en pouvoir faire un meilleur emploi. C'est donc sans regret qu'elle renoncera au projet qu'elle avait formé, d'ajouter de nouveaux ornements à sa toilette; sa parure sera moins recherchée, mais les pauvres auront du pain.

### DÉVELOPPEMENT.

MA CHÈRE ZÉLIE,

C'est de grand cœur que je m'associe à l'œuvre entreprise par ta bonne mère en faveur des malheureux. Tu m'as inscrite la première sur la liste des souscriptions, et je te dois des remercîments pour cette preuve nouvelle de ton amitié. En restant persuadée d'avance de mon zèle à te seconder, tu t'es souvenue du vif intérêt que m'a toujours inspiré la détresse des malheureux, pendant la saison rigoureuse, qui double à la fois leurs besoins et leurs privations. Si la charité est une vertu pour tous, elle est un devoir impérieux et sacré pour nous, que Dieu a favorisés dans le partage des biens de ce monde. Il ne les a placés dans nos mains que pour les répartir avec discernement entre les malheureux.

Pour nous, la tâche est facile : il est si doux de faire un peu de bien! Encore une fois merci, chère amie, d'avoir pris l'initiative, et je te prie de recevoir ma modique offrande. Tu ne l'ignores pas, les ressources d'une jeune fille sont bornées; ces quelques francs que je t'envoie composent toutes mes économies, dont, grâce à toi, je ne saurais faire un plus utile emploi. Aussi j'abandonne sans regret le projet que depuis longtemps j'avais formé, d'ajouter quelques ornements à ma toilette; le plaisir de se parer d'une robe nouvelle, de compter dans son écrin un bijou de plus, vaut-il donc celui de venir en aide à ceux qui souffrent? Les prières des infortunés qui nous béniront, sans nous connaître, seront un ample dédommagement pour le sacrifice d'une pensée frivole. Eh bien! je n'aurai point de robes, point de bijoux, mais ils auront du pain!

Ton amie.

## XXXIV.

### LETTRE D'UNE JEUNE FILLE A SA MÈRE.

*(Sur l'étude de la grammaire.)*

**ARGUMENT.** — Une jeune pensionnaire se plaint amèrement d'avoir à étudier les règles beaucoup trop nombreuses, suivant elle, de la langue française. Son esprit se perd dans cet amas de difficultés que l'Académie semble avoir recherchées à plaisir pour embarrasser les élèves. Ne serait-il pas plus naturel, au contraire, de simplifier l'orthographe en écrivant les mots ainsi qu'on les prononce? Assurément l'histoire et la géographie offrent bien plus d'attrait. Montrer succinctement les avantages de l'une et de l'autre de ces deux sciences. — Mais en dépit de tous ses raisonnements, notre jeune élève aura-t-elle convaincu sa mère? Il n'y faut pas songer; Lhomond a toujours raison.


## DÉVELOPPEMENT.


MA CHÈRE MÈRE,

Je suis au désespoir : l'étude de la grammaire est chose bien fastidieuse, il faut en convenir. On dirait qu'on a pris plaisir à torturer l'esprit des pauvres élèves. Pourquoi, je te le demande, cette multitude de règles à tout instant modifiées par des exceptions plus nombreuses encore! Ce sont d'abord des substantifs qui, pour telle ou telle autre raison, adoptent les deux genres, des adjectifs dont on fait des adverbes, puis tout une famille de pronoms, personnels, démonstratifs, possessifs, relatifs, indéfinis, suivis de verbes de toute nature, avec leurs temps, leurs modes et leurs régimes. Parlerai-je des participes! cette source inépuisable d'erreurs et de punitions.

Et pourtant c'est en vain que je cherche à comprendre la nécessité de cet amas de difficultés, tandis qu'il serait si simple d'écrire les mots comme on les prononce.

Ah! combien l'étude de l'histoire et de la géographie ont plus d'attrait pour moi! combien je les préfère aux raisonnements de tous les grammairiens! Remonter le cours des âges, revivre par d'intéressantes lectures dans les siècles écoulés, assister par la pensée à ces luttes des peuples entre eux pour le triomphe de la justice, et parfois aussi pour le triomphe de l'ambition, suivre les progrès de l'intelligence et de la civilisation, voir naître et grandir les arts et les sciences, tout cela captive et charme bien plus l'esprit. Parcourir le monde, une carte sous les yeux, se faire une juste idée de la position qu'occupent sur le globe les différents pays, traverser les océans et les mers, explorer les continents, connaître leurs productions, se familiariser avec les mœurs de leurs habitants, s'instruire et voyager ainsi sans fatigues ni dangers, n'est-ce pas là un véritable plaisir? Ce sont, à chaque instant, des surprises et des émotions nouvelles; il n'y a plus rien là d'abstrait et de fantasque, rien qui ressemble à de la syntaxe, pour tout dire.

De plus, l'utilité de ces connaissances n'est point douteuse : chaque jour elle se fait sentir, soit qu'on se promène dans les galeries d'un musée, soit qu'on ait sous les yeux les statues de nos jardins publics.

Enfin, ces connaissances ne sont pas moins indispensables à l'artiste, au littérateur, et enfin à tous ceux qui prennent part à une conversation sérieuse.

Et maintenant que je t'ai parlé à cœur ouvert, que je t'ai fait part de mes antipathies et de mes préférences, t'ai-je convaincue, bonne mère? — J'en doute. C'est que rarement l'élève pense comme le maître.

Il faut donc me résigner, et j'ai perdu mon temps : Lhomond a toujours raison.

## XXXV.

### RÉPONSE.

**ARGUMENT.** — La mère reprend les dernières lignes de la lettre de sa fille, dont les conclusions sont aussi les siennes. Non-seulement elle reste convaincue de l'utilité de l'étude de la grammaire, mais encore elle la juge indispensable. Parler et écrire correctement, telle est la base de toute éducation sérieuse. En effet, quelles que soient, d'ailleurs, la science et l'érudition, une faute de langage, dans vos discours ou dans vos écrits, suffira pour qu'on vous déclare un ignorant. — Elle montrera à sa fille que les obstacles qui l'arrêtent aujourd'hui sont les mêmes pour ses maîtres : n'ont-ils pas autant de peine à enseigner, que leurs élèves en ont à apprendre? Elle ajoutera que s'il ne faut pas négliger d'acquérir des connaissances en histoire et en géographie, c'est aussi un tort des plus graves que de s'en occuper exclusivement. Car, ainsi que dit Boileau :

> « Sans la langue, en un mot, l'auteur le plus divin
>
> Est toujours, quoi qu'il fasse, un méchant écrivain. »

## DÉVELOPPEMENT.

MA CHÈRE ENFANT,

Je reprends les dernières lignes de ta lettre, et tes conclusions sont aussi les miennes. Quelque puissants que t'aient semblé tes arguments contre l'étude de la grammaire, je n'en reste pas moins convaincue de son utilité; bien plus, je la juge indispensable. Les nombreuses difficultés qu'elle te présente te causent de l'ennui, sans parler des punitions dont le souvenir pèse à ton cœur; et cette raison suffit, d'après toi, pour renoncer à connaître ta langue! Y songes-tu, mon enfant, et ne vois-tu pas là, au contraire, le point de départ d'une éducation sérieuse! Avant de songer à t'orner l'esprit d'autres connaissances non moins précieuses, ne faut-il pas tout d'abord apprendre à parler et à écrire correctement! On l'a dit: « Le style c'est l'homme. » Quelques fautes de langage dans vos écrits et dans vos discours suffisent pour vous faire juger, et, malgré toute votre science, toute votre érudition, vous n'en resterez pas moins un ignorant aux yeux du monde. Or, je te le demande, est-il un autre moyen d'éviter cet écueil que de se bien pénétrer des préceptes de la grammaire! La pensée la plus noble ne saurait plaire à l'esprit, quand l'oreille est blessée.

Tu te plains amèrement du grand nombre des règles agglomérées dans ton rudiment, et tu te récries sur ce prétendu plaisir des maîtres à embarrasser leurs élèves : mais n'ont-ils pas eux-mêmes autant de peine pour enseigner, que tu en as pour apprendre! Les obstacles qui t'arrêtent aujourd'hui, ils les ont rencontrés avant toi, et ce n'est qu'à force de travail et de persévérance qu'ils ont pu les franchir; ne t'abuse pas, chère enfant, l'instruction ne s'acquiert qu'à ce prix.

Ce n'est pas non plus que je ne t'approuve de te former des idées précises sur les faits qu'enseignent l'histoire et la géographie; et je comprends l'attrait que ces lectures ont pour toi. On ne saurait de nos jours négliger cette partie non moins essentielle des études; mais c'est aussi un tort des plus graves d'y consacrer tous ses soins au mépris des éléments de l'orthographe et de la syntaxe.

Il ne faut donc pas, tu le vois, t'attacher seulement à ce qui plaît et reculer devant un travail nécessaire ; car, je te l'assure, tu aurais beaucoup plus à rougir d'une faute de grammaire que d'une erreur de chronologie.

Il me souvient ici de certain député qui dans le feu de la discussion s'écriait : *Je vous observe*, monsieur le ministre, *je vous observe que.....* et ce dernier, homme de beaucoup d'esprit, mais d'ailleurs fort laid, lui répondit : « *Et moi, monsieur, je vous ferai observer qu'en m'observant vous n'observez point un Adonis.* »

« *Vous riez, messieurs*, disait un autre orateur, *vous riez et moi je vous répète qu'il s'agit d'une affaire conséquente.* »

Peut-être n'était-ce pas le moyen de mettre un terme à l'hilarité de l'auditoire.

D'après ces exemples, chère enfant, j'ai la certitude que tu n'hésiteras pas à suivre mes conseils, dont bientôt tu recueilleras le fruit si, avec un grand maître, tu restes bien persuadée que

> « Sans la langue, en un mot, l'auteur le plus divin
> Est toujours, quoiqu'il fasse, un méchant écrivain. »

Je t'embrasse comme je t'aime.

Ta mère.

# XXXVI.

## LETTRE D'UNE FILLE A SA MÈRE.

(Vocation poétique.)

**ARGUMENT.** — Une jeune fille envoie quelques vers à sa mère, qu'elle prend pour juge de son mérite. Son goût exclusif pour la poésie lui semble être une vocation qu'elle doit suivre, en dépit des difficultés qu'elle aura à surmonter ; d'ailleurs elle ne se sent pas faite pour ces travaux qui sont la base de l'éducation des jeunes filles : l'intelligence y demeure étrangère en quelque sorte, et la carrière littéraire est la seule qui flatte ses goûts.

## DÉVELOPPEMENT.

CHÈRE MÈRE,

Le monde est plein de gens qui parlent de vocations manquées ; les vicissitudes de leur vie, la médiocrité de leur position n'ont pas, disent-ils, d'autre cause. Si les circonstances eussent été favorables, s'ils ne s'étaient vus contraints de renoncer à leur première idée, s'ils n'eussent été contrariés dans le choix d'une carrière, ils seraient tous arrivés à la fortune et aux honneurs. Tel était né pour la carrière des armes, qui noircit maintenant force papier timbré ; tel autre eût été médecin, que le sort a fait marchand ; l'un est danseur qui se croit philosophe ; l'autre est prolétaire qui devait être financier. Ecoutez-les, tous ont fait fausse route ; tous devaient s'attendre à une meilleure destinée ; et pourtant le mal est sans remède. Les années s'accumulent sur leur tête ; revenir sur ses pas n'est plus possible ; il faut donc poursuivre son chemin, et renoncer à jamais aux plus douces illusions en présence de la triste réalité. Ces plaintes continuelles me font peur, bonne mère ; car, moi aussi, je crois avoir un germe de talent pour l'avenir. Eh oui ! je veux te le déclarer franchement ; je sens en moi un goût, une vocation irrésistible pour les lettres, et surtout pour la poésie.

Il n'est pas besoin de t'assurer, chère mère, que, malgré ce penchant irrésistible, j'écouterai toujours tes sages avis, dussent-ils être opposés à mes désirs.

Sois donc mon juge, et vois par ces quelques vers que je t'envoie, si, comme le dit Boileau, mon astre en naissant m'a formée poète. J'ai consacré en grande partie mes heures de récréation à ce travail, et, je te l'avoue, ce sont là mes plus doux loisirs. Assise dans un petit coin bien retiré du jardin, à l'ombre d'un vieux tilleul, je laisse mes compagnes à leurs jeux, et me recueillant, en dépit de leur bruyante gaîté, je m'efforce d'accorder la rime et la raison.

En vérité, plus j'y songe, moins je me sens faite pour ces travaux qui sont en grande partie la base de l'éducation des jeunes filles : coudre, broder, occupe si peu l'esprit que, malgré moi, l'aiguille s'échappe de ma main. Et puis, je le demande, de quelle ressource cela peut-il être dans le monde ? N'est-il pas bien préférable d'appliquer son intelligence à des études plus élevées, et de quitter les sentiers battus pour se frayer une route plus difficile, il est vrai, mais aussi plus glorieuse !

Et puis, chère mère, il m'est doux de le penser ; si la fortune un jour seconde mes efforts, c'est pour toi surtout que je serai fière de mes succès. Je ne veux point d'autre excuse à mon ambition.

Ta fille.

# XXXVII.

## RÉPONSE.

**ARGUMENT.** — La mère loue sa fille de lui avoir parlé avec franchise ; mais, sans blâmer le goût de celle-ci pour la littérature, elle ne saurait admettre qu'il faille négliger pour cela les autres parties de son éducation. La mission de la femme, dans la société, n'est point de se montrer bel-esprit ; elle doit, avant tout, être une bonne ménagère. — Développer cette idée. — En outre, il n'est pas aussi facile, qu'il le paraît à la jeune fille, de vivre de ses écrits, etc. — Conclusion : il faut placer l'utile avant l'agréable.

## DÉVELOPPEMENT.

MA CHÈRE ENFANT,

Je dois te le dire tout d'abord, ta lettre m'a fait de la peine, et cependant je te sais gré de ta franchise : tu m'as parlé à cœur ouvert, sans arrière-pensée, comme il convient de le faire à sa mère, pour laquelle une bonne fille ne doit point avoir de secrets. La confiance que tu m'as témoignée, et que je crois sincère, me laisse l'espoir de te convaincre promptement de ton erreur, et bien qu'il en coûte à tout âge, et surtout lorsqu'on est jeune, d'abandonner ses illusions, je ne puis douter de t'y résoudre, en te persuadant que ce que je veux, avant tout, c'est ton bonheur.

Je serais bien éloignée de blâmer ton goût pour la littérature, s'il ne te servait de prétexte pour négliger les autres parties de ton éducation. Ces travaux que tu dédaignes, comme n'étant pas exclusivement du ressort de l'intelligence, ne doivent-ils pas, au contraire, être placés au premier rang des connaissances que le monde, un jour, exigera de toi? La mission de la femme dans la société est-elle donc remplie alors qu'elle n'est qu'un bel-esprit? N'est-elle pas appelée, au contraire, à s'occuper de sa maison; en un mot, à devenir une bonne ménagère? Elever ses enfants dans la crainte de Dieu, les diriger dans le droit chemin, leur apprendre à chérir leurs parents, à faire le bien, à plaindre l'infortune et à la secourir, à aimer le travail; combattre leurs mauvais penchants en leur offrant le modèle de toutes les vertus, voilà quelle doit être son ambition!

Mais elle n'y parviendra qu'autant qu'elle aura bien compris l'importance de ses devoirs, et qu'elle s'en sera formé de bonne heure une douce habitude.

En outre, chère enfant, je dois te désabuser sur ce que tu crois être une destinée si digne d'envie. Vivre de ses écrits n'est pas chose si aisée; et le génie, le plus souvent méconnu, n'assure point toujours à ceux qui le possèdent une existence facile et brillante. Aussi bien, sans parler du grand nombre de ceux que l'ardeur de rimer trompe sur leur mérite, crois-moi, en m'opposant à tes désirs, je t'épargne peut-être bien des regrets pour l'avenir; mieux vaut moins de gloire et plus de bonheur.

Courage donc, ma Jenny, reprends ton aiguille, accoutume-toi aux soins minutieux du ménage; je t'en donne l'exemple: rougirais-tu de ta mère? — Ce n'est pas qu'il faille pour cela renoncer à ton étude favorite, si toutefois elle peut charmer tes loisirs ; mais placer l'utile avant l'agréable est une nécessité à laquelle il faut se soumettre. Sois prudente, et n'attends pas que l'expérience te l'enseigne.

Ta mère.

# XXXVIII.

## LETTRE D'UNE AMIE A UNE AMIE.

*(Jeanne d'Arc.)*

**ARGUMENT.** — Une jeune fille apprend à son amie qu'en se rendant à Vaucouleurs chez une de ses parentes, elle n'a pu résister au désir de passer par le village de Domrémy, situé presque sur sa route, afin de visiter la chaumière où naquit Jeanne d'Arc. — Ses impressions en y pénétrant : elle se prend à rêver. — Elle croit voir la jeune villageoise assise près du foyer rustique, écoutant en silence les récits des paysans, dont l'indignation éclate au souvenir des massacres commis par les Anglais. Une voix mystérieuse l'appelait à venger la patrie. Quelques réflexions sur la mort de l'héroïne, et sur l'ingratitude des hommes. Parler à ce propos de Galilée, jeté dans les cachots de l'inquisition, et de Christophe Colomb, proscrit et misérable. Leur génie était leur seul crime. Ces temps de barbarie ne sont plus, il est vrai, pourtant il reste encore des ingrats. — Mais cette lettre ne devait être que le récit d'un voyage ; il est temps de revenir à son sujet. La rapidité de la locomotive ne permettant pas d'observer à loisir les pays et les campagnes que l'on traverse, la tâche qu'elle s'était proposée devient impossible. Elle réclame l'indulgence de son amie.

## DÉVELOPPEMENT.

MA CHÈRE FANNY,

En nous rendant, ma mère et moi, à Vaucouleurs, où nous devons rester quelques jours, chez une de nos bonnes parentes, il nous eût été difficile à toutes deux de résister au désir de visiter le village de Domrémy, situé presque sur notre route. C'est un lieu de pèlerinage pour les touristes amants de souvenirs ; et, comme eux, nous avons voulu voir l'humble chaumière où naquit Jeanne d'Arc.

Plus de quatre siècles se sont écoulés, depuis que le bruit des malheurs de la France troubla l'asile obscur de la jeune villageoise, et en pénétrant sous ce toit, en foulant ce sol qu'elle même foula jadis, je me pris naturellement à rêver. Il me semblait la voir dans les longues veillées d'hiver, assise près du foyer rustique, écoutant les récits grossiers mais énergiques des paysans de son village. Quelques-uns avaient vu massacrer sous leurs yeux des vieillards, des femmes et des enfants ; et, pleins de haine pour l'Angleterre, ils proféraient des menaces sanglantes contre les meurtriers. Jeanne gardait le silence, mais ses fuseaux restaient immobiles : une voix mystérieuse l'appelait à venger la patrie.

Ici, les détails de son supplice se présentèrent à mon esprit : son bûcher se dressait devant moi. Pauvre Jeanne ! devait-elle s'attendre à tant d'ingratitude ! une mort cruelle et ignominieuse, voilà le prix de son héroïsme et de son dévoûment !

Mais depuis, l'ingratitude des hommes frappa d'autres victimes, et la bergère de Vaucouleurs ne devait pas seule périr accusée de sorcellerie. La persécution attendait Galilée, dont le génie était le seul crime : il avait compris le mouvement de la terre, et l'ignorance et l'orgueil de ses juges le jetèrent dans les cachots de l'inquisition. Christophe Colomb offrit à l'Espagne les richesses du Nouveau-Monde : la misère et l'oubli furent sa récompense. De ces temps de barbarie il ne nous reste plus que le souvenir, il est vrai, et la civilisation en éclairant les hommes les a rendus moins cruels ; mais combien il en est peu qui gardent au fond du cœur la mémoire d'un bienfait ! De nos jours encore, plus d'un fils dénaturé rend son père misérable. On abandonne ses amis lorsqu'ils sont dans le malheur ; on chasse comme un importun celui qui a fait votre fortune, et qui n'a pu soutenir la sienne.

Mais je m'égare, et voilà qu'en t'écrivant je poursuis ma rêverie.

Mon dessein tout d'abord était de te rendre compte de notre voyage. Je l'aurais en vain tenté, car si la rapidité des locomotives permet de franchir en quelques heures de grandes distances, elle est aussi un obstacle aux observations du voyageur. Il passe comme un trait, et touche au but de sa course, sans qu'il ait rien pu voir, rien admirer sur son chemin.

Tu me pardonneras donc d'avoir si mal rempli ma tâche. Je n'attends pas moins de ta bonne amitié.

Je t'embrasse,

MARIE.

## XXXIX.

## LETTRE D'UNE FILLE A SA MÈRE.

*(Choix d'une amie.)*

ARGUMENT. — Elise a compris l'importance de bien choisir ses amies; elle s'applaudit d'avoir suivi en cela les conseils de sa mère, à laquelle elle fait part de son affection pour Amélie. C'est une jeune fille pieuse, aimant le travail, et dont l'action suivante prouve les généreux sentiments. — La directrice du pensionnat, où toutes deux sont élèves, a coutume, le jour de sa fête de décerner un prix à celle des pensionnaires qui lui présente à la fois le travail le plus soigné et le plus utile. — La vanité ou la coquetterie les ont seules guidées dans le choix de leur travail; mais Amélie s'est souvenue d'une pauvre domestique, presque sexagénaire, recueillie par charité dans le pensionnat; et la jeune fille, n'écoutant que son bon cœur, a destiné deux chemises à cette infortunée. — Embarras d'Amélie au moment de présenter son travail; félicitations ironiques d'a ses compagnes dont pas une n'a compris sa pensée charitable. — Le prix lui est adjugé à l'étonnement général. — Désir d'Elise d'imiter à son tour l'exemple de son amie, qu'elle admire.

## DÉVELOPPEMENT.

CHÈRE MÈRE,

Je t'ai souvent entendu dire combien il importe de bien choisir ses amies, et quelles pouvaient être les suites fâcheuses d'une liaison formée au hasard, et sans réflexion. A mon âge, surtout, on manque, je le sais, de cette prudence que donnent les années et l'habitude du monde; aussi me suis-je tenue en garde contre mon expansion naturelle, souvent trop prompte; tu m'avais montré le danger.

Tu connais Amélie; tu sais combien nous nous aimons. J'étais à peine arrivée à la pension, que déjà je la distinguais parmi mes autres compagnes; j'avais cru remarquer chez elle quelque sympathie; elle me recherchait de préférence aux heures de récréation; et, de mon côté, je voyais avec plaisir se former cette intimité dont je suis si heureuse aujourd'hui. La régularité de sa conduite, la douceur de son caractère, son assiduité au travail, son respect pour la religion, affermirent bientôt ma confiance, et je ne résistai plus au penchant qui m'attirait vers elle; nos cœurs s'étaient compris. Je devais voir par la suite que mes pressentiments ne m'avaient pas trompée; tu vas en juger.

Depuis un bon nombre d'années notre directrice a coutume, le jour de sa fête, de décerner un prix à celle de ses élèves qui lui présente à la fois le travail le mieux soigné et le plus utile. Ma présence trop récente encore à la pension m'avait seule exclue du concours; et c'était hier que chacune d'elles devait connaître son sort. Dès le matin nous nous rendîmes auprès de notre maîtresse, qui reçut, avec quelques fleurs, nos hommages et nos vœux; puis aussitôt elle se mit en devoir de juger les travaux qu'on lui soumit tour à tour. Les pensionnaires rangées autour d'elle attendaient en silence le résultat de l'examen; l'incertitude et le désir de l'emporter en mérite sur ses émules se peignaient sur tous les visages; peut-être bien aussi échangeait-on à la dérobée un coup-d'œil jaloux; mais laissons cela, il ne faut point médire.

Enfin le travail des concurrentes était apprécié; une seule, Amélie, hésitait à entrer en lice, et, se tenant cachée dans la foule, elle espérait passer inaperçue, lorsque la directrice, surprise de ne pas la voir, la fit venir auprès d'elle et lui demanda son travail. La confusion de la pauvre enfant devint extrême; après les élégantes broderies de ses compagnes, eût-elle osé jamais offrir les deux chemises en toile grossière achetées avec ses économies et faites par ses mains! La bizarrerie et le mauvais goût apparent de son choix semblèrent fort divertissants à nos jeunes étourdies qui, le sourire sur les lèvres, adressèrent à l'envi leurs ironiques félicitations à la bonne Amélie. C'est que, cédant à des idées de vanité ou de coquetterie, pas une d'elles n'avait compris la généreuse pensée de leur compagne, et que pas une ne s'était souvenue d'une malheureuse domestique presque sexagénaire, recueillie par charité dans notre pensionnat, et à laquelle ce présent si ridicule était destiné. En présence de cette bonne œuvre, notre directrice ne pouvait hésiter, et, à l'étonnement général, mon amie reçut le prix qu'elle seule avait su mériter. Mais une plus douce récompense lui était réservée : la conscience de sa noble action et le bonheur de la pauvre infortunée, qui, les larmes aux yeux, appelait sur elle les bénédictions du ciel.

Puissé-je dans un an, à pareille époque, être inspirée des sentiments que j'admire aujourd'hui : c'est le vœu de ta fille bien-aimée.

ÉLISE.

## XL.

### LETTRE D'UNE MÈRE DE FAMILLE A SON MARI.

(*La tirelire.*)

ARGUMENT. — Une mère informe son époux des heureuses dispositions de leur fille. — Douceur de son caractère. — Générosité de ses sentiments. — Sur le point de briser sa tirelire, Marie est fort embarrassée des dix francs dont elle peut disposer à son gré. Achètera-t-elle quelque beau jouet, quelque jolie poupée?... ou bien un livre destiné à l'instruire? Elle suivra cette dernière idée, et déjà sa mère l'accompagne pour faire son emplète. Mais, chemin faisant, Marie rencontre deux pauvres enfants abandonnés, accroupis sur la neige et glacés par l'hiver; son cœur en est ému; elle les interroge, ils sont orphelins! Alors, sans hésiter, ses dix francs sont consacrés à les secourir.

### DÉVELOPPEMENT.

MON AMI,

Plus notre petite Marie avance en âge, plus je vois se développer les précieuses qualités de son cœur. Douce et affectueuse, elle aime ses parents du fond de l'âme ; et la pensée de leur procurer quelque satisfaction, soit par ses attentions délicates, soit par son application au travail, est le mobile de ses moindres actions. Pour elle, il n'est pas de plus douce récompense qu'une bonne parole, ou qu'un baiser de sa mère ; ce n'est pas, crois-le bien, qu'elle te soit moins attachée qu'à moi-même. Ton souvenir est toujours présent à sa pensée, et ton absence nous est également pénible à toutes deux. Espérons qu'elle ne sera plus de longue durée. Il faut la voir, cette chère enfant, docile à mes conseils, s'efforcer de corriger en elle les petits défauts que je lui signale ; et s'il m'arrive de lui en témoigner mon mécontentement avec plus de sévérité que de coutume, il n'est point de caresses qu'elle ne me prodigue pour me faire oublier sa faute et obtenir son pardon. Mais je te l'ai dit, ce sont plutôt des louanges que des remontrances que je lui dois, et je suis trop heureuse de pouvoir t'en instruire, et de pouvoir t'en donner une nouvelle preuve.

Le jour était venu où Marie devait briser sa tirelire, dans laquelle elle jetait de temps en temps quelques pièces de monnaie, prix de ses excellents bulletins. Peu à peu le petit trésor s'était grossi : Marie possédait dix francs ! Dix francs en monnaie toute neuve ! Maîtresse d'en disposer à sa guise, encore fallait-il en trouver l'emploi ; et voilà la pauvre enfant fort embarrassée sur l'objet de ses préférences. Achètera-t-elle quelque jouet ! à son âge c'est une pensée bien naturelle ; on fait de si jolies poupées, que vraiment on ne saurait les regarder dans l'étalage du marchand sans désirer en posséder au moins une ; et puis c'est tout une suite de divertissements qu'on se promet. Ajuster des robes à sa poupée, la parer sans cesse de nouveaux atours, enrichir son trousseau, furent de tout temps des récréations bien chères aux petites filles. Marie avait bien songé à tout cela, et pourtant elle hésitait encore ; un bon livre d'histoire ou de littérature lui semblait un choix préférable. C'est qu'elle ne redoute point les lectures sérieuses, et le désir de s'instruire les lui rend agréables. Je n'avais garde, pour ma part, de l'influencer d'aucune manière : enfin, il fut convenu qu'elle achèterait un livre. Nous voilà donc toutes deux cheminant par les rues pour faire notre emplette. Le temps était froid, la neige couvrait la terre. Tout à coup, en traversant un des ponts de la Seine, Marie s'arrête surprise devant deux petits enfants accroupis sur le sol, presque nus et glacés par la bise ; l'un d'eux, l'aîné, a saisi une vielle restée muette auprès de lui, et se met à chanter un de ces airs appris sous le ciel natal ; mais sa voix déchirait l'âme ; c'est que rien n'est triste comme la joie du malheureux qui veut cacher ses larmes. Marie en est émue ; n'avez-vous donc plus, comme moi, leur dit-elle, une mère qui vous aime et vous donne le pain de chaque jour ? Les deux enfants pleuraient et Marie avec eux ; leur glissant alors ses dix francs : « *Ils sont orphelins !* » me dit-elle, et elle me serre dans ses bras.

Chère petite, elle a compris, en un instant, tout ce que la détresse de ces pauvres enfants abandonnés a d'affreux ; et sa première pensée a été de la secourir ; elle a renoncé spontanément au plaisir longtemps attendu de satisfaire une fantaisie ; et ses économies ont passé, sans regret, de sa main dans celle de l'indigent.

Voilà quels sont les sentiments de notre fille bien-aimée. Fasse le ciel que l'avenir ne démente jamais d'aussi heureuses dispositions, et nos vœux seront exaucés !

Elle et moi nous t'embrassons tendrement.

## XLI.

### LETTRE D'UNE MÈRE A SA FILLE.

#### (*La petite vérole.*)

**ARGUMENT.** — Une mère cherche à consoler sa fille des regrets que lui cause la perte de sa beauté, à la suite d'une maladie qui l'a défigurée. — Sans doute il est naturel de ne point renoncer, de gaîté de cœur, aux avantages que donne la jeunesse ; mais si res avantages du physique sont un bien périssable, on doit attacher un plus grand prix à ceux que donnent l'esprit et le cœur. D'ailleurs, le temps fuit pour tout le monde, et c'est un bien triste spectacle que celui de ces femmes dont tout le mérite a disparu avec les charmes du visage. En vain elles s'efforcent de plaire, quand la vieillesse est venue ; elles n'étaient que frivoles autrefois, aujourd'hui elles sont ridicules. — Les plaisirs de l'intelligence, les joies de la famille, les charmes de l'amitié, sont indépendants de la jeunesse et de la beauté ; il faut donc savoir les comprendre et s'y rattacher. Au surplus, les consolations d'une mère ne font jamais défaut à sa fille bien-aimée, lorsqu'elle souffre et qu'elle en a besoin.

## DÉVELOPPEMENT.

MA CHÈRE FILLE,

Tu t'affliges des traces que la maladie laisse à jamais marquées sur ton visage, et je comprends tes plaintes. Assurément, lorsqu'on a ton âge on ne renonce pas, de gaîté de cœur, aux avantages que donne la jeunesse ; et, sans être vaine pour cela, il est bien naturel de les regretter, lorsqu'on s'en voit privée d'une manière si inattendue.

Sans doute, mon enfant, tu n'es plus jolie, et l'on reconnaît à peine sous ces traits mutilés leur finesse première ; c'est que la beauté est un bien périssable ; tu en as acquis la pénible expérience. Heureuse encore lorsqu'après avoir vu disparaître les grâces du physique, il vous reste les qualités solides et mille fois plus précieuses de l'esprit et du cœur ! Je ne veux point nier l'admiration que provoque un beau visage ; je le sais, on recherche la beauté, on la flatte même, et partout elle semble régner en souveraine. On n'a de prévenances et d'attentions délicates que pour elle ; ou du moins il lui en revient la plus grande part. On fuit la laideur, car elle n'a rien qui séduise les regards ; et la foule des gens frivoles ne recherche que l'éclat du moment, peu soucieuse de ce qui n'est point futile et passager. Mais, quel qu'on soit, le temps passe pour tous ; les années s'agglomèrent, et c'est un bien triste spectacle que celui de ces femmes qui, tout entières aux soins de leur beauté, s'épuisent en artifices inutiles pour dissimuler les rides de la vieillesse. Chez elles, tout est faux : leur chevelure, l'incarnat de leur visage, l'élégance de leur taille, leur gaîté, leur sourire même. Délaissées et perdues dans la foule, au milieu de ces fêtes qu'elles recherchent par habitude, et plus encore par le besoin de briller, elles attendent en vain des hommages qu'on leur refuse. Leurs diamants, leurs parures sont toujours les mêmes; mais, loin de cacher leur décrépitude, ils ne font que l'accuser davantage. Les pauvres femmes ! elles n'étaient que frivoles autrefois, elles sont ridicules aujourd'hui ! alors on aimait tout en elles, jusqu'à leurs défauts; et maintenant c'est à qui leur jettera la pierre. Combien elles devraient souffrir, si elles avaient du cœur ! Voilà ce qu'est la beauté pour celles qui ne comptent que sur elle; voilà ce qu'on peut en attendre; et c'est chèrement payer de courtes illusions et de faux succès ! Le temps de la jeunesse s'écoule d'autant plus rapidement qu'on croit qu'il durera toujours ; déplorable imprévoyance ! Sans doute le tableau de la vieillesse est affreux pour qui n'a pas su s'y préparer : l'abandon, les incommodités de l'âge et les regrets du passé l'accompagnent, si l'on ne peut appeler à son aide les plaisirs de l'intelligence; si l'on n'a pas compris les joies de la famille, les charmes de l'amitié. Ce bonheur calme, ces jouissances exemptes d'amertume, sont les seuls vrais, les seuls désirables. Et tu le vois, chère enfant, ils sont indépendants de la beauté. Si tu y songes mûrement, il te sera plus facile de te résigner au sort que Dieu t'a fait; car, si la beauté passe, les ressources de ton esprit et de tes bons sentiments te resteront malgré les années, et tu ne seras pas seulement une femme aimable, mais encore une femme de cœur.

Au surplus, compte toujours sur l'affection de ta mère, qui jamais ne se démentira, et dans laquelle il te sera toujours permis de puiser les consolations qu'une fille bien-aimée a le droit d'en attendre, quand elle souffre et qu'elle en a besoin.

Je t'embrasse.

# XLII.

## LETTRE D'UNE FILLE A SA MÈRE.

*(Athalie de Racine.)*

**ARGUMENT.** — Une jeune fille rend compte à sa mère de sa composition, dont le sujet est *la lecture d'Athalie*. Une matière aussi difficile serait bien mieux traitée par La Harpe ou Marmontel que par de jeunes pensionnaires encore sans expérience ; mais de semblables exercices sont d'une grande utilité en ce qu'ils forcent à réfléchir et développent l'intelligence. — Après le succès d'Esther, Racine conçoit le projet d'écrire une nouvelle tragédie sur un sujet religieux ; mais Athalie, en paraissant au grand jour, ne rencontre que des détracteurs. — Analyse succincte de la pièce. — Madame de Sévigné elle-même ose écrire qu'Athalie passera comme le café. — Dans les petits jeux on imposait comme pénitence la lecture des scènes de ce chef-d'œuvre.—Dans une réunion à Amiens, un officier est condamné à lire cent vers d'Athalie. L'auditoire s'apprêtait à rire de la pénible tâche que le patient avait à remplir ; mais bientôt la chaleur et l'éloquence de l'officier forcent les rieurs à l'admiration, et le génie du poète triomphe de l'ironie de ses contemporains.

## DÉVELOPPEMENT.

MA CHÈRE MÈRE,

Tu veux que je t'écrive comment j'emploie mon temps chaque jour. Voici notre dernier sujet de narration, et ma composition que je t'envoie.

Nos maîtresses nous prennent pour de grandes dames, ou plutôt de grands messieurs ; et les matières qu'elles choisissent seraient mieux traitées par La Harpe et Marmontel que par d'humbles jeunes filles, dont les épaules portent encore le ruban bleu et le ruban rose des écolières. Cela s'appelle élever le niveau de l'enseignement, ouvrir l'intelligence des enfants ; ce sont des mots bien pompeux pour nos modestes travaux ; mais nos maîtresses ont raison parce qu'elles sont nos maîtresses d'abord, parce qu'elles jugent mieux que nous de ce qui convient à notre âge, et que les sujets difficiles forcent à réfléchir et intéressent l'attention. Je termine là mon préambule et je commence. Ecoute bien, j'ai besoin de ton indulgence. Le sujet est *la lecture d'Athalie.*

Racine, après le succès de la représentation d'Esther, où madame de Sévigné s'honore d'avoir obtenu un tabouret, voulut encore composer une tragédie sur un sujet religieux, et il choisit l'histoire si touchante de la chute d'Athalie et de l'avénement de Joas. La pièce qu'il écrivit passe à juste titre pour le chef-d'œuvre de l'esprit humain. Quoi de plus majestueux en effet que cette lutte solennelle de l'impiété et du crime contre la foi et l'innocence; de Mathan contre Joad, d'Athalie contre Joas! Où trouver un plus illustre exemple de cette puissance divine qui communique aux princes leur autorité et les fait tomber quand il lui plaît! Quel trouble, quelle secrète terreur dans Athalie qui songe aux terribles scènes qui ont ensanglanté son usurpation! quelle confiance et quelle force dans ce grand-prêtre, dont on a pu briser le pouvoir, mais non pas les espérances et le courage! En écoutant Joad, on croit entendre un des saints prophètes, tant il est animé de leur esprit. Quelle simplicité dans les discours de Joas, et comme il montre avec innocence son aversion pour la reine, sa reconnaissance pour Josabeth, sa soumission envers Joad, et son respect envers Dieu! Comment lire sans émotion ces vers si remplis de généreux sentiments, de nobles images, souvenirs sacrés des Ecritures, harmonieux échos de la Bible, qui épurent l'âme et qui enchantent l'oreille! Et cependant les contemporains méconnurent tant de mérite, et madame de Sévigné, si éclairée et si sage quand elle juge les chefs-d'œuvre de son époque, madame de Sévigné osait écrire : « Athalie passera comme le café! » La pièce fut, dit-on, mal accueillie dès le premier jour où elle fut représentée; on voulut la rendre ridicule, et dans les petits jeux on imposait comme une pénitence la lecture des scènes d'Athalie.

Un jour, dans une réunion à Amiens, un officier fut condamné à lire cent vers d'Athalie. Tout son auditoire s'attendait à rire, et chacun déjà le raillait sur la pénible tâche qu'il devait remplir. Il choisit la scène où Josabeth retrace l'histoire de la nuit où elle sauva Joas. Pour triompher de la malice des assistants, il prit cœur à débiter le récit; chacun alors de se recueillir et d'écouter avec respect les beaux vers qui allaient tout droit à l'âme et mettaient des larmes dans les yeux. Racine lui-même semblait défendre sa tragédie. Les voyez-vous, ces petits railleurs, qui ne sont plus maîtres de sourire? les voilà vaincus par cette éloquence, cette horreur, ce dévoûment, cette grâce, cette innocence. Ils se laissent entourer, comme Josabeth, par les bras innocents de l'enfant sauvé; ils sont attendris, et le patient goûte un plaisir bien doux; il les tient sous le charme, il les transporte, il leur communique toutes les émotions qu'il ressent, et l'admiration de l'auditoire s'échauffe encore de son enthousiasme; il est éloquent comme le poète dont il interprète la pensée.

Athalie se montra bientôt au grand jour, elle sortit du cabinet des connaisseurs comme Joas sortit du temple, pour régner sur tous les esprits, et elle sut éviter la chute de son jeune héros.

Tel est, bonne mère, l'ensemble des idées que je me suis efforcée de rendre de mon mieux; avant peu, un classement sera fait de nos compositions, et j'ai hâte de connaître mon sort pour t'en instruire; mais, tu le sais, le bon vouloir ne tient pas lieu de mérite; il faut donc se résigner et attendi

Je t'embrasse de tout mon cœur,

Ta fille affectionnée.

# CORRESPONDANCE

## ENTRE

## DEUX JEUNES PENSIONNAIRES

### EN

## VACANCES

---

## XLIII.

**ARGUMENT.** — Camille s'empresse d'écrire à Émilie, ainsi qu'elle le lui a promis en la quittant pour se rendre dans sa famille, auprès de laquelle elle doit passer le temps des vacances. — Rien ne manquerait plus à son bonheur si elle n'était séparée de son amie. — Mais toutes deux ont une bonne mère dont l'amour les réclame, un père qui est heureux de les presser dans ses bras. — Douceurs de ce mutuel échange d'affection. — Toutefois les deux amies s'adresseront de fréquentes lettres, leur cœur franchira la distance.

### DÉVELOPPEMENT.

MA CHÈRE ÉMILIE,

J'avais hâte d'être arrivée pour remplir la promesse que nous nous sommes faite en nous quittant ; et j'aurais presque désiré que ma lettre te parvînt la première, si cela pouvait être une preuve nouvelle de mon affection pour toi. Mais entre nous, chère Émilie, aucune rivalité ne saurait exister ; nos cœurs sont trop étroitement unis, nos sentiments trop identiques, et cette lutte d'amitié devient elle-même impossible.

Quelque récente que soit notre séparation, il me semble que des mois déjà se sont écoulés depuis le jour où, fières de nos couronnes, nous prenions gaîment la route du pays natal. Nous quittions la fête universitaire pour la fête de la famille, et nous sommes aujourd'hui au milieu des nôtres ; mais à ce bonheur tant désiré se mêle aussi pour moi le regret de ne t'avoir plus à mes côtés.

A cela tu me répondras, je le sais bien, que comme moi tu as une bonne mère dont l'amour te réclame et qu'il t'est doux de revoir ; que ton père comme le mien est tout joyeux de presser dans ses bras sa fille bien-aimée.

Bons parents ! n'êtes-vous pas tous les mêmes ! Vos enfants sont votre seule joie, et, pour reconnaître toute une vie d'abnégation, qu'exigez-vous d'eux ? un baiser ! Un baiser, voilà votre récompense, voilà le prix de votre dévoûment. Restons donc près d'eux pour les chérir de toutes les forces de notre âme ; car jamais notre gratitude n'égalera leurs bienfaits. Commençons à payer sur la terre cette dette sacrée que Dieu seul acquittera pour nous dans le ciel.

Toutefois, chère Émilie, pour n'être plus ensemble pendant le temps de nos vacances, les liens qui nous unissent, loin de s'affaiblir, n'en deviendront que plus étroits ; nous confierons au papier nos impressions et nos pensées, et nos cœurs franchiront avec lui la distance pour se rejoindre.

Je ne te recommanderai pas de m'écrire souvent, car la négligence c'est l'oubli, et, pour nous, l'oubli ne saurait exister.

Cinq heures et demie ! Déjà les invités arrivent ; c'est que pour fêter mon retour on réunit la famille dans un grand repas. Je quitte la plume et cours me faire belle. J'étrenne aujourd'hui la collerette que tu m'as brodée. Parée par tes mains, à toi seule reviendra le succès de ma toilette.

Ton affectionnée,

CAMILLE.

## XLIV.

**ARGUMENT.** — Emilie, non moins désireuse que Camille de remplir sa promesse, se hâte de lui donner une preuve nouvelle de son attachement. Elle annonce à son amie son arrivée dans sa famille, au milieu de laquelle elle est si heureuse de se retrouver. Mais pourquoi faut-il qu'une si grande distance les sépare ? — Heureusement le grand Cyrus inventa la poste. — Développer. — Emilie ne doute pas de l'empressement de son amie à lui écrire, et elle se réjouit à l'idée de recevoir promptement de ses nouvelles.

### DÉVELOPPEMENT.

Chère Camille,

Nos deux lettres se croiseront, sans doute, car je suis assurée qu'après avoir embrassé tes parents, bonheur tout ensemble si doux et si rare pour nous, pauvres pensionnaires, ta première pensée a été pour moi. Sans doute, tu pourrais m'accuser de vanité si nos sentiments n'étaient les mêmes, si, ce que mon cœur ressent, le tien ne le ressentait pas également ; c'est assez dire que je ne me suis point abusée.

Enfin, nous voilà toutes deux rendues au foyer paternel ! est-il plus douce joie au monde ! Ah ! Emilie, je n'aurais plus rien à souhaiter si je n'étais séparée de toi ! Pourquoi le ciel qui forma si bien nos cœurs pour se comprendre, ne nous donna-t-il pas le même berceau ! tu es en Touraine et je suis en Normandie ; vraiment ne seraient-ce pas pour nous les limites extrêmes de l'univers, si de nos jours il n'était si facile de correspondre ! Mais, j'ose le dire, la poste n'existerait pas que notre amitié l'inventerait ; au surplus, Cyrus y songea le premier, il y a quelques cents ans, et la gloire lui en revient tout entière.

Je ressens d'avance le plaisir que me causera ta première lettre. Elle ne peut tarder à me parvenir, si, comme j'en suis certaine, ton empressement à me l'écrire a égalé mon désir de la recevoir.

Mes parents, auxquels j'ai déjà bien souvent parlé de toi, se félicitent de notre intimité, et ne désirent qu'une occasion favorable pour faire avec toi plus ample connaissance.

J'y songe, voici l'heure du courrier; il faut te dire adieu.

EMILIE.

# XLV.

**ARGUMENT.** — Camille remercie Emilie de son exactitude, et s'applaudit de l'affection mutuelle qui les unit l'une à l'autre. — Description de la maison de campagne que Camille habite avec ses parents. — Beauté du paysage. — Développer. — Elle ne tarirait pas à lui parler de sa belle Touraine, qu'un jour elle espère visiter avec elle. — Camille invite son amie à lui donner des détails analogues; ce sera un moyen, pour toutes deux, de se transporter par la pensée aux lieux que chacune d'elles habite.

## DÉVELOPPEMENT.

CHÈRE ÉMILIE,

Le messager arrive : mon cœur ne m'a point trompée; c'est bien ta lettre qu'il m'apporte. Avec quelle joie je parcours ces lignes que ta main a tracées ! En ce moment, peut-être, une même pensée nous occupe, car, fidèles à notre promesse, nous échangeons en même temps nos premières impressions. Non, malgré la distance, rien n'est changé pour nous, et les sentiments affectueux que tu m'exprimes sont bien ceux que je te connais et qu'il m'est si doux de partager.

Comme toi je m'applaudis de l'invention des postes, et cette réminiscence d'histoire ancienne, ce souvenir donné au vainqueur de l'Asie, auquel, pour ma part, j'étais loin de songer, je dois en convenir, ne manque pas d'imprévu : c'est un nouveau trait de ton enjoûment ordinaire. Laisse-moi donc, dans un ordre d'idées plus modernes, applaudir à l'invention des chemins de fer qui vont te porter la description de notre nouvelle demeure. C'est une délicieuse petite villa, au fond d'une riante vallée que baigne la Loire. Adossée à des collines couvertes de hautes futaies, cette demeure présente tout ce que la campagne peut offrir de douces jouissances, d'agréables passe-temps à qui sait aimer la belle nature. Les champs, les prés, les eaux, les bois y sont réunis. Oh! combien facilement j'oublierais Paris et le tumulte de ses carrefours, si je devais toujours habiter ces lieux charmants, entourée de ceux qui me sont chers! Est-il plus riant exil? De ma chambre, embellie par les soins de ma bonne mère, la vue s'égare dans un horizon fait à souhait pour le plaisir des yeux. Le fleuve se déroule majestueux entre ses rives fertiles; mille petits îlots, qu'une végétation pleine de sève rend si pittoresques, s'élèvent au milieu de l'onde limpide et bleue. Ils sont inhabités, et le chant des oiseaux en trouble seul la solitude. Puis, au loin, des bouquets de verdure couronnent les côteaux, dont les formes indécises se mêlent à ce ciel vaporeux et transparent qui les féconde.

Non, je ne tarirais point à te parler de notre belle Touraine; un jour viendra, peut-être, où nous admirerons ensemble ces gracieux paysages, et alors ils nous paraîtront plus beaux encore, s'il est possible.

Je sais bien qu'à mon admiration tu opposeras la tienne tout aussi justifiée pour ta chère Normandie : c'est que la France est une terre promise.

J'attends de toi des détails analogues à ceux que je te donne moi-même; c'est le moyen de nous transporter, par la pensée, aux lieux que chacune de nous habite, et de vivre, malgré notre éloignement, dans cette intimité si chère à l'amitié. Adieu, bonne Emilie, reçois un baiser de ton affectionnée,

CAMILLE.

## XLVI.

ARGUMENT. — Joie d'Emilie en recevant la lettre de son amie. — Elle n'essaiera pas de lui faire le tableau de la campagne où elle demeure ; que dirait-elle de plus que Camille? — La Normandie est en tous points si comparable à la Touraine! ce sont les mêmes sites pittoresques, les mêmes paysages si heureusement accidentés. — Développer. — Mais dans peu de jours viendra la fête du village. — Des préparatifs se font de toutes parts, Emilie pourra bientôt entretenir sa compagne, ainsi qu'elle lui en a exprimé le désir.

## DÉVELOPPEMENT.

### CHÈRE CAMILLE,

Je ne te dirai pas la joie que je ressens en ouvrant ta lettre : tu la comprends trop bien, j'imagine, pour que je te parle d'un sentiment si naturel.

Le riant tableau que tu me fais de la campagne où tu demeures me dispense également d'une description devenue sans objet, puisque ce sont ici les mêmes sites pittoresques, les mêmes paysages si heureusement accidentés; et qu'il me serait impossible de les peindre mieux que toi. Oui, j'admire comme toi cette riche nature, à la fois si féconde et si variée, et je suis aussi éloignée que toi de regretter le mouvement tumultueux de la capitale. Trop tôt, hélas! il nous faudra la revoir! Oui, bientôt il nous faudra quitter ces vallées, ces champs couverts d'une riche moisson, ces forêts où l'on aime à s'égarer sous le feuillage; il faudra quitter, toi, cet Eden qu'on nomme Touraine; moi ce beau pays de Normandie. Oh! que je pleurerais de bon cœur, si je n'avais, avec la douleur de rentrer dans Paris, la joie de t'y retrouver. Mais parlons d'un autre sujet.

Tu ne seras pas surprise si, arrivée en ces lieux depuis quelques jours à peine, je ne suis point en mesure de te donner, dès à présent, des détails qui puissent t'intéresser; mais, prends patience, dans peu de jours viendra la fête du village, et j'aurai là matière à t'entretenir, comme tu le désires. Nos bons paysans ont bien aussi leurs divertissements à l'égal des citadins, et la bonhomie de leurs mœurs ne les rend pas moins agréables à étudier. Déjà la rumeur est générale, des préparatifs se font de toutes parts; on se réjouit d'avance à l'idée seule du plaisir qu'on attend. En vérité, il n'est que ces bonnes gens pour être si heureux à peu de frais!

Dis à tes parents combien je suis sensible au témoignage

de leur sympathie, et combien je suis désireuse de la voir s'augmenter par des rapports plus fréquents et plus directs.

Adieu, chère Camille, je t'embrasse mille fois avec l'effusion d'une amitié sincère,

EMILIE.

# XLVII.

**ARGUMENT.** — Il est à peine cinq heures du matin, et déjà la journée commence pour Camille ; elle a pris les habitudes du village. — Développer. — Cette lettre est surtout consacrée à donner à Emilie une idée des travaux de la moisson. — Dès l'aube, hommes et femmes sont aux champs, etc.—Le soir venu, personne ne se souvient plus des labeurs de la journée ; joies du dimanche.

## DÉVELOPPEMENT.

CHÈRE EMILIE,

Il est à peine cinq heures du matin, et déjà pour moi la journée commence ; c'est que j'ai pris les habitudes du village, et, tandis qu'à Paris tout sommeille, on est debout ici, et l'on assiste à ce réveil de la nature si riant, si poétique: Quelles douces senteurs émanent de ces ombrages! Quelle transparence dans ce beau ciel! Quelle fraîcheur dans cette brise qu'on respire avidement !

Mais tout entiere à ces impressions, je m'écarte de mon but; j'y reviens donc pour te parler de la moisson terminée d'hier dans nos campagnes.

Dès l'aube nous étions aux champs, et les moissonneurs, hommes et femmes, munis de faucilles, hâtaient la fin de ce travail commencé déjà depuis plusieurs jours. Les blondes javelles jonchaient la terre : d'un côté, les moissonneurs et les moissonneuses achevaient de couper le blé encore debout; de l'autre, de robustes paysans pressaient la gerbe du genou, la liaient solidement, puis la portaient sur un énorme charriot. Quand tout fut prêt, l'on partit en poussant des cris de joie : la moisson était terminée, la semaine aussi ; il ne restait plus qu'à bien ouir de la journée du dimanche.

Le lendemain, personne ne se souvient des labeurs de la veille ; on a revêtu la bure du dimanche ; les cabarets retentissent des chants joyeux des buveurs, tandis que le ménétrier retrouve au fond du verre ses éternels refrains. La foule des danseurs se presse autour de lui, et bientôt les rondes villageoises s'organisent de toutes parts. La fête se prolonge ainsi bien avant dans la nuit, jusqu'à ce que les forces fassent défaut aux plus intrépides. On se retire enfin ; tout rentre dans le calme, on s'endort, et le matin retrouve à leurs travaux ces villageois auxquels un moment de plaisir a fait oublier tant de fatigues et de privations.

Mais j'entends qu'on s'éveille dans la maison, et je cours embrasser mes bons parents ; c'est un bonheur auquel bientôt il faudra renoncer ! la fin des vacances est si proche !

Adieu donc, Emilie, je te serre affectueusement la main,

CAMILLE.

## XLVIII.

ARGUMENT. — A son tour Emilie rend compte à son amie de la fête de son village. — On assiste d'abord à l'office divin. — Allocution paternelle du bon pasteur, qui exhorte les fidèles à régler leur conduite sur les pieux exemples de celui qu'entre tous les saints ils ont choisi pour patron. — Visite au cimetière. — Promenade au Champ-de-Foire. — Jeux divers. — Courses dans les sacs. — Exercices de natation. — Feu d'artifice. — Salle de danse. — Éloge des mœurs simples des bons villageois.

### DÉVELOPPEMENT.

CHÈRE CAMILLE,

Il faut l'avouer, le ciel nous est bien favorable ! Depuis notre départ pour la campagne vit-on jamais de plus belles journées ! Comme toi je me suis formée aux habitudes champêtres ; comme toi j'aime à voir se lever l'aurore, à respirer la brise du matin. C'est l'heure que je choisis pour m'entretenir avec toi ; dans ce calme qui m'entoure, rien ne distrait ma pensée, et mon cœur s'épanche plus librement dans le tien.

J'ai lu avec plaisir la description que tu m'as faite de la fin des moissons ; je vais te parler à mon tour de la fête de notre village.

Dès le matin, l'église jonchée de fleurs recevait tous les habitants venus pour assister à l'office divin. Après la messe, notre curé, vieillard sexagénaire, dans une allocution toute paternelle et avec cette simplicité si touchante d'un pasteur de campagne, nous a exhortés à régler notre conduite sur les pieux exemples de celui qu'entre tous les saints nous avons choisi pour patron. Puis il entonna lui-même un cantique à la louange de ce bienheureux, et nos cœurs, comme nos voix, s'unirent pour invoquer sa protection auprès du Très-Haut. Bientôt, on se dirigea vers le cimetière situé derrière le temple ; le vénérable ecclésiastique ouvrait la marche, en récitant les prières des morts auxquels en ce jour chacun donne un souvenir.

La fête va commencer enfin : de toutes parts on s'anime ; le bonheur et la joie sont sur tous les fronts ; riches et pauvres, jeunes gens et vieillards, tout le monde y est convié ; à chacun revient sa part de plaisir. Ce sont d'abord des coureurs qui luttent de vitesse, le corps emprisonné dans un large sac de toile ; à chaque instant ils trébuchent, on rit de leurs appréhensions ; quelques-uns tombent et leur chute provoque l'hilarité des spectateurs. Plus loin d'adroits nageurs se disputent des canards effrayés à leur approche et disparaissant sous l'eau au moment d'être saisis. Le tir aux macarons et à la carabine, le jeu de bagues et les figures de cire sont échelonnés le long du Champ-de-Foire. Cependant la nuit est venue, et quelques pièces d'artifices sont enflammées au grand ravissement de la foule. Ce n'est plus ici ce brillant apparat des solennités dans les grandes villes ; le programme n'annonce rien de merveilleux, on ne s'attend pas à des prodiges de pyrotechnie, aux illuminations féeriques, qui font de la capitale un de ces séjours enchantés dont il est parlé dans les Contes orientaux : quelques fusées composent le feu d'artifice.

Voici maintenant la salle de danse : une tente et des guirlandes de feuillage en sont l'ornement. Au fond, des tonneaux vides soutiennent l'estrade où sont les musiciens, dont les refrains discordants appellent les danseurs. Assis sous la tonnelle, ceux que l'âge a rendus moins agiles regardent avec complaisance cette folle jeunesse tout entière au plaisir. A cette vue, ils oublient leurs cheveux blancs, et le cœur plein de souvenirs, ils croient encore avoir vingt ans.

Mon tableau est terminé et je te l'envoie ; puisse un baiser bien tendre en diminuer les imperfections.

EMILIE.

## XLIX.

ARGUMENT. — Dans cette lettre, Camille fait part à son amie de l'allégresse qui règne dans toute la maison. On fête la bienvenue d'un nouveau-né. — Embarras où l'on se trouve pour donner un nom à l'innocente petite créature. — Qui le lui choisira doux et gracieux autant qu'elle-même ? — Après s'être joué quelque temps de la curiosité de sa compagne, Camille finit par lui apprendre qu'il s'agit d'un épagneul de la plus belle espèce.


**DÉVELOPPEMENT.**


CHÈRE EMILIE,

Naguère c'était la fête de ton village, et, d'après le récit que tu m'en as fait, j'aurais de grand cœur partagé tes plaisirs. Aujourd'hui que tout est rentré dans le calme, et que chacun a repris sa vie accoutumée, notre tour est venu de nous réjouir : la maison tout entière est dans l'allégresse, et cette lettre n'est rien moins qu'une lettre de faire part. C'est un nouveau-né dont nous fêtons la bienvenue. Assurément, en entrant dans ce monde, on ne peut prétendre à un meilleur accueil. Depuis les quelques heures qu'il a vu le jour, combien de caresses n'a-t-il pas reçues, de quels soins empressés n'est-il pas l'objet ? A vrai dire il est si joli, si mignon, qu'involontairement chacun se sent attiré vers lui. Pauvre petit être, repose tranquille, nous veillons sur ton sommeil !

Mais voici bien une autre affaire ! Qui d'entre nous donnera un nom à l'innocente créature ! qui le lui choisira doux et gracieux autant qu'elle-même ! Malgré moi notre embarras me rappelle Domitien convoquant le sénat, et les pères conscrits délibérant par son ordre à quelle sauce serait mis un turbot ! Que signifie tout ce fatras diras-tu, et dans quel but m'entretenir d'un odieux César et de ses folies ! La faute en est à moi, qui, pareille au héros de Florian, n'ai oublié qu'un seul point, celui d'allumer ma lanterne. Apprends donc que notre nouveau-né est un épagneul de la plus fine espèce, aux yeux de jais, aux oreilles longues et soyeuses, à mine éveillée et dont le nom sera probablement *Lutine*. (Il est bon de tout dire, ce chien est une chienne.)

Ici je m'arrête, car le moment est venu de m'excuser d'une semblable épître. Il faut en vérité que je sois bien sûre de ton amitié, pour t'occuper d'un pareil sujet ; mais tu en riras, nous en rirons ensemble. C'était mon but en t'écrivant ; aussi me regardé-je comme pardonnée ; et je t'en remercie en t'embrassant de tout mon cœur,

CAMILLE.

## L.

ARGUMENT. — En recevant la lettre de Camille, Emilie a partagé la folle gaîté de son amie. Mais, hélas ! la fin des vacances est arrivée ; il faudra bientôt quitter une famille chérie et retourner au couvent pour toute une année ! Comment se défendre d'un juste sentiment de tristesse ! — Toutefois, le sacrifice est nécessaire, et bien qu'il en coûte aux deux amies, elles reprendront courageusement leurs travaux ; la satisfaction de leurs parents chéris sera leur plus douce récompense.

### DÉVELOPPEMENT.

CHÈRE CAMILLE,

Ta charmante lettre m'a tenue en suspens jusqu'à la dernière ligne et l'idée m'en a paru fort divertissante. Tout en regrettant de ne point connaître ta nouvelle favorite, j'ai l'espérance d'être aussi bienvenue d'elle si, en chienne intelligente, elle garde ses caresses pour les amis de la maison.

Que ne puis-je , sous l'impression de cette gaîté qui t'inspire dans ta lettre , donner à ma réponse le même ton, le même entrain ! C'est qu'une autre pensée m'occupe; c'est qu'à cette heure, sans doute, ta joie comme la mienne a cessé ; c'est que, lorsqu'on est heureux, lorsque nul soin ne vient assombrir une vie douce et paisible, loin de ralentir sa course, le temps s'envole plus rapide. Il n'est que trop vrai, dans huit jours, nos vacances seront terminées ; dans huit jours, il nous faudra quitter nos parents bien-aimés, et les portes du couvent se refermeront sur nous pour de longs mois.

Adieu, alors, douces jouissances de la famille, foyer paternel tant regretté, tendres baisers d'une mère! Pour nous tout changera soudain, et, comme au sortir d'un rêve, leur souvenir seul nous restera. Malgré moi des larmes remplissent mes yeux, et le cœur ici triomphe de la raison. Je pleure et ne te le cache point, car cette sensibilité bien naturelle tu la partages.

Mais qu'ai-je fait? au lieu d'affermir ton courage au moment d'une séparation si difficile, je viens augmenter ta douleur par le récit de mes peines! J'ai tort, d'autant plus qu'en te redisant ce qu'il y a de tristesse dans l'exil qui nous attend, je semble oublier ses douceurs. Et en effet, n'est-ce pas de lui qu'est née notre amitié, n'est-ce pas lui qui doit bientôt nous réunir?

Nous revoir, échanger un baiser, confondre nos regrets et nos espérances, voilà des consolations capables de ranimer notre énergie. Ne reculons donc plus devant la nécessité, et, bien qu'il en coûte à notre amour filial, ajoutons au prix du sacrifice, en montrant, dès le début, ce zèle qui donne le succès. Retournons à nos livres avec une égale émulation. Le charme puissant de l'étude comblera en partie le vide laissé dans nos cœurs par l'absence de nos familles, et nous leur donnerons ainsi une preuve nouvelle de notre affection.

Plus de faiblesse donc; elle ne nous est pas permise. Ce regret que nous éprouvons en franchissant le seuil de la demeure paternelle, en nous éloignant de ceux qui nous sont chers, nous ne sommes pas seules à l'éprouver; nos parents nous aiment-ils moins que nous les aimons nous-mêmes? Non, sans doute; et s'ils se montrent plus fermes, c'est qu'ils nous donnent l'exemple de l'abnégation, en préférant notre bien au bonheur de nous garder près d'eux.

Nous voilà donc bien décidées, chère amie, et notre assiduité ne se démentira pas pendant le cours de cette année. La satisfaction de nos bons parents en sera la douce récompense.

Je t'embrasse et à bientôt,

EMILIE.

FIN.

# TABLE DES MATIÈRES.

## FIN DE LA TABLE.

Typographie Charles Noblet, rue Soufl.    18